UDマインドでつながる

算数科授業の
ユニバーサル
デザイン

Masayoshi Kukita

久木田雅義

東洋館
出版社

はじめに

　この本を手に取られたみなさんには、次のような"思い"があるのではないでしょうか。

「より多くの児童がわかる・できるような授業がしたい」

　私も教員になってから、いえ、教員になる前から、同じような"思い"を描いてきました。十数年間、試行錯誤しながら、授業づくりに取り組んでいましたが、定まったことがあるわけではなく、日々の授業に対して自分なりに進めてきました。そんなあるとき、授業のユニバーサルデザイン化（授業UD化）に出合いました。

　では、みなさんは『ユニバーサルデザイン』と聞くと、どんなことを思い浮かべますか。

　「ユニバーサルデザインって、障碍のある人と関係があるから、特別支援学校の取り組みなのかな」「バリアフリーみたいに、障壁をなくすことではないのかな」「工業製品や設備のことのようだから、教室の備品整備ということなのかな」

　今は多くのカタカナ語があふれていますので、わかりにくいことも多いです。ここで改めて、授業のユニバーサルデザイン（授業UD）について確かめておきましょう。

　授業UDとは「特別な支援が必要な子を含めて、通常学級の全員の子が、楽しく学び合い『わかる・できる』ことを目指す授業デザイン」（日本授業UD学会HPより）ということで、授業UD化とは、「すべての子が、楽しく学び合い、わかる・できることを目指した通常授業をつくっていこう」という取り組みのことです。

　まさに、私が目指してきた授業のあり方でした。

　この本では、私が取り組んできた算数科の授業UD化についてまとめるとと

もに、授業 UD 化の可能性と具体例を含めて新たな提案をしています。みなさんの「より多くの児童がわかる・できるような授業がしたい」という思いに寄り添って、明日の授業づくりにむけて、少しでも力になりたい、と考えました。みなさんが授業づくりを楽しく『わかる・できる』ようになってもらうとともに、楽しく『わかる・できる』授業で学ぶ子どもたちの笑顔が増えればうれしいです。

　さあ、授業 UD 化への扉を開きましょう。

目次

CHAPTER 1
授業の UD 化 理論編

授業づくりの始まりは
学習内容（教材）から「児童・生徒」へ

よりわかりやすい授業のために

「より多くの児童がわかる・できるような授業がしたい」

その"思い"は次のような方法へとつながることが多いです。

「よりわかりやすく説明しよう」

　私は教員になってから、説明の順番や具体例、例え話、図や絵の利用など、自分なりに工夫した方法で学習内容を伝わるように努めてきました。例えば、次のようなことです。

〈算数科・数のまとまり〉

　「身近なことだし、お金で考えるといいかな」

　「5や10のまとまりは両替の考え方として自然で、

　繰り上がりにも対応できそう」

　「紙で硬貨の掲示物をつくっておいて、子どもに操作させよう」

　「ノートに書く時間を考えると、ワークシートを使おうかな」

　「おはじきを使うと、手元でも全員が操作できる」

　「課題場面は買い物にして、数値の設定は教科書を参考にしよう」

　　　　　　　　　　　　　　　　　　　　　　　　　　など

　確かに、学習内容を伝えるアプローチとしては一定の成果を生んでいたように思います。実際、授業後に「先生の話はわかりやすかったよ」と子どもから聞いたり、学期末のアンケートで「説明が理解しやすい」に多くの○印をも

らったりすることがありました。このアプローチでは、授業者は「学習内容を
より良く伝えること」ができ、子どもは「学習内容を教わること」で、目的に
近づきます。授業者は授業準備として、各教科・各学年・各単元について、そ
れぞれ授業を計画していきます。ただ、この当たり前に思えるアプローチを改
めて考えてみます。

授業準備の入り口を「子ども（児童・生徒）」へ

　教材研究の一歩として、教師が「学習内容を十分に理解する」必要がありま
す。これは大切なことです。きめ細やかな準備や計画を進めることができま
す。私の経験からも"まず学習内容から"アプローチすることは「よりわかり
やすく説明」するためには有効です。しかし、教育現場の時間の足りなさを考
えると、全授業について同じようなアプローチは難しいのではないでしょう
か。

　そこで、授業準備の入り口を「学習内容（教材）」から「子ども（児童・生
徒）」に移してみることを考えてみましょう。担当（担任）する児童・生徒の
特徴をもとに、「つまずき」を想定するというフィルタを通して、学習内容
（教材）を見ていくということです。特に小学校の場合（教科担任制以外では）
担当する児童の人数（上限 35 ～ 40）は年間の授業数（850 ～ 1015）をかなり
下回ります。それぞれの児童・生徒を理解することから、教材を理解するとい
う流れへの移行です。もちろん、いつも同じ一人の児童・生徒を想定すること
ではありません。教科ごとに異なるでしょうし、同じ教科でも領域や内容に
よって、スタートとなる児童・生徒は異なってくるでしょうが、次第に「その
クラスらしさ」が明らかになってきます。

つまずきが想定できたら、
これまでの知見を活かす

想定されるあの子のつまずきは、あの子だけのもの？

　授業前につまずきを想定すると、クラスの中で特に印象的な子が思い浮かびます。例えば、わり算が苦手なAさんです。「Aさんはなかなか正しい商を立てることができない。一問を解くのに時間がかかりすぎる。苦手意識をもっているので、わり算になると表情が曇ってしまう。」仮に3つの下線部分のつまずきが想定されるAさんのつまずき度を100とした場合、クラスには80のBさん、65のCさんなどがいることでしょう。ここでAさんのつまずきに基づいた手立てや工夫は、BさんやCさんに有効に働くと考えることができます。つまり、象徴的なAさんに焦点を当てて、想定されるつまずきに対して何らかの手立てや工夫を通常授業に取り入れることは、Aさん以外のBさんやCさん、さらには、つまずき度がほとんど想定されなかった他の子にとっても有効的に機能し、より多くの子どもたちにとって授業がより良いものとなると考えるのです。

　この考え方がもともとのユニバーサルデザインの発想に通じる点であり、通常授業に導入できるものです。例えば、主に弱視の方への配慮として発光ダイオードが内蔵された点字ブロックです。普段は点字ブロックに頼る必要がない視力の人にも、夜間には安全な歩行のために活きる配慮となります。

　つまずきの内容はこのような教科学習だけではありません。発達障碍に関わることであったり、友だちとの関係や家庭環境などによる授業や生活の態度であったり様々です。しかし、教科学習に関するつまずきが他の要因と関連している場合もありますし、表に見えている複数のつまずきが1つの要因の場合も

あります。ですから、あるつまずきに対しての手立てや工夫が別のつまずきに有効的に機能することもあり得ます。

つまずきへの対応：これまでの様々な知見を活かす

これまで日本のみならず、世界中で教科学習についての実践が行われてきました。特に、学習へのつまずきに対しては、特別支援教育の分野で広く、深く取り組まれてきました。授業で想定されるつまずきに対しては、これらの優れた知見を活かします。この点についても、ユニバーサルデザインの考え方を取り入れている、ということができます。つまり、障碍の有無にかかわらず、これまでの知見を通常授業で活かすことで、より多くの子どもがより良く学べる、という考え方です。同時に、この点に関わって「授業のユニバーサルデザインは特別支援教育としての個別実践だ」というような誤解が生じてしまっている、と考えています。

私が算数科の授業で取り入れてきた手立てや工夫は、特別支援教育によるものだけではありません。個人的には、**「つまずきを乗り越えられる知見である手立てや工夫は多種多様で、柔軟であるべき」**と考えています。例えば、算数科以外の他教科での実践例、幼稚園や保育園での実践、外国籍児童のための教育（JSL カリキュラム）、複式学級での取り組み、諸外国での実践例なども、適宜、当該の授業に合うように取り入れています。今後、私が注目している知見が2つあります。それは、ベテラン先生の「経験」と新たに現場に加わった先生の「これからの教育観」です。「経験」は時間と共にその都道府県や地域で積み重ねられた貴重なものです。「これからの教育観」は社会変化や情勢により、これまでの教育方法や現場での常識を見つめ直すものです。教師経験が少ないがゆえ、教員養成機関で学んだ理論やメソッドを大胆に活かすことも大事だと考えており、この2つが教育現場で融合することを期待しています。

「UD マインド」をクラス文化に

「より多くの子がわかるできるようになってほしい」との願い

　繰り返しになりますが、授業 UD 化とは、すべての子が、楽しく学び合い、わかる・できることを目指します。つまり、授業者は「すべての人のために」という考え方や姿勢をもって授業に臨みます。授業 UD のもとになる**「すべての人のために」という考え方を "UD マインド" と呼ぶ**ことにします。もともとのユニバーサルデザインがもつ「障碍の有無にかかわらず」であったり、「人を分け隔てることなく」といったりする思いが入った考えということができます。

　では、この「UD マインド」は授業者である教師だけがもつべきものでしょうか。**私はこれからの時代を生きる子どもたちにこそ**、この考え方をもってほしいと願っていますし、将来において必要な考え方であるとも思っています。教師は授業の準備だけに「UD マインド」をもつだけではなく、授業をしているときにも「より多くの子がわかる・できるようになってほしい」との願いをもち続けているものでしょう。

　教師は授業を UD 化することで、この「UD マインド」がクラス文化となり、子どもたちに "拡散" させていくことができるのです。つまり、そのようなマインドの育成を授業の中に含んでいるのが、授業の UD 化であるのです。

UD マインド導入の可能性

　授業で子どもたちがともに協力して学び合いを進めるには、やはり、仲間づくりや学級経営の充実がポイントになります。当然ですが、仲間づくりや学級経営についても多くの知見や実践例があり、授業での工夫や手立ての導入同様、取り入れていくことが大事です。授業の UD 化との関係は、「一体化している」とも「互いに支え合っている」とも考えられます。子どもたちは人間関係や雰囲気に安心・安全が感じられないと、授業で頑張ることができず、力を発揮できません。逆に、授業でしっかりと「わかる・できる」経験ができなかったり、子どもたちの関係に良くない影響を与えてしまったりすると、教室は子どもたちにとって居心地の悪い場所になってしまいます。そして、これらが良循環にも、悪循環にもなることは、教師なら誰しも経験のあるところでしょう。

　そこで、この循環へのアプローチとして、「UD マインド」を授業と学級経営をより大きく覆う形で捉えることにします。授業でも、生活指導でも、『すべての人のために』という観点で価値付けます。「UD マインド」はクラスにとどまらず、学年、学校単位でも「共有」することができれば、授業の UD 化とともに子どもたちの学校生活により良い影響をもたらすと考えています。

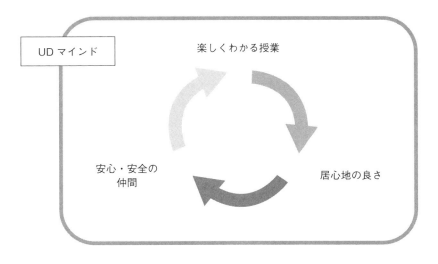

UD マインド
楽しくわかる授業
居心地の良さ
安心・安全の
仲間

『授業目標』：子どもたちと「UD マインド」を共有する

仲間づくりと授業のより良い循環を探る

クラス文化や集団の雰囲気は定着してしまえば、かなり強固なものになることが多いですが、浸透するまでに時間がかかったり、全体に伝わりにくかったりするものです。

そこで、子どもたちが意識を向けられるよう、**教師と子どもたちが「UD マインド」の共有ができるように、「授業目標」を設定します。**

新学年の 4 月当初に、「クラスのめあて」や「学級目標」を設定することは全国の学校で多く取り入れられている実践です。「こんな集団になろう」「みんなでより良いクラスをつくろう」という目的のもとにつくられるスローガンのようなもので、教室の前面に大きく掲げられることも少なくありません。例えば、『笑顔があふれる仲間』『One for all, all for one』『明るく仲良く元気に！史上最高のクラスになろう』などです。これらはクラスや仲間づくりにとって大切なことであり、目指すものになります。

これを授業にあてはめたものが『授業目標』です。子どもたちの学校で過ごす最も長い時間が授業です。一年を通して、「授業の中で大切にすること」「より良い授業にするために必要なスローガン」を子どもたちと一緒につくり、共

One for All,
All for One!
We are 5-1

「がんばる」で
いっぱいの
2 年 3 組

有します。全ての教科に対しての目標です。担任が担当しない教科でも、この授業目標に向けて取り組みます。また、専科の教師がクラスをまたいで、担当教科独自の授業目標を作ることもあるでしょう。いずれにせよ、教師がUDマインドをもっていれば、子どもと一緒につくる『学級目標』にもその思いは含まれていますし、『授業目標』も同じ方向性をもってつくることができます。私の担任としての経験では「みんなが　みんなで　わかる授業をつくろう」「楽しくて　みんなで学べる　授業にしよう」「できることをふやす　みんなのじゅぎょう」などを共有してきました。

５年Ａ組　　みんなが　みんなで　わかる授業をつくろう

『授業目標』を共有することで子どもたちに見えやすくなる価値が２つあります。１つ目は、「助け合う姿の価値」です。わかった子やできた子の『授業目標』に沿った言葉や行動を認めてほめることで価値付けます。自他ともにその良さが見えることは自信につながります。また、これはできた子にとっての学び直しにもつながる言動にもなります。

　２つ目は、「わからないことや誤答の価値」です。クラスの中に「わからない子」や「間違い」が見えてくることや、教師がわからないことや誤答を貴重なものとして価値付けることは、『授業目標』へのチャレンジのスタートです。授業の技法として『教師が故意に間違う』がありますが、『子どもが真剣に間違う』ことができるクラスもとても素敵です。『教室はまちがうところだ』という有名な本がありますが、わからないことや間違うことが認められる空間の保障にもつながります。

主役の座は誰の手に

改めて「授業」の主役を考えると…

　学級目標と同様に、授業目標を設定することを提案しました。学級目標を目指して、主として歩んでいくのは子どもたちです。授業目標はどうでしょうか。確かに、授業計画や教材・教具の準備、時間の管理など、特に、小中学校では授業に教師の存在は欠かせません。一般的な表現として、大学では履修の意味で「あの先生の授業をとった」と表現することもありますが、小中学校などでは「あの先生の授業を受けた」などと言うことが多いです。辞書を開いても、「授業…学校などで、学問や技芸を教え授けること」とあり、教師（授業者）が主となっています。そして、授業のUD化というと、「授業での教え方の工夫や手立てについての取り組みである」というイメージにつながりがちです。現行の学習指導要領（平成29年）のキーワードとして、「主体的・対話的な深い学び」「アクティブ・ラーニング」が挙がってきたときに、授業のUD化への注目度が滞った印象があります。

　しかし、授業UD化として、「UDマインド」「授業目標」を導入することで、子どもたちの授業への意識が変わっていきます。「授業を受ける」から「先生やみんなと授業をつくる」という意識変化、当事者意識です。ひょっとすると、この意識変化を起こすべきなのは、教師の方かもしれません。私が教師になった頃を振り返ってみると、「より多くの児童がわかる・できるような授業がしたい」という思いから、「（教師が）よりわかりやすく説明できるようにしよう」へとつなげていたことを思い出しました。つまり、上手な授業をする教師は、説明上手な教師である、という考えです。テレビのニュース解説のように、わかりやすく丁寧に教えることができるというイメージです。

授業までは「主役」、授業では「つなぎ手に」

　一方的な情報の発信は、一方的な受信を伴います。私が学生時代に経験した授業の多くはこのようなものだったと思います。時代は技術の進化と共に、発信者と受信者の混在が日常になりました。SNSやネット番組などを見ると明らかで、学校での授業が旧態依然であっては、子どもたちの授業への向き合い方も時代にあわないものになります。授業を双方向（インタラクティブ）にしていくためには、教師は授業準備までは主役、授業ではつなぎ手を担うことが大事になります。それは授業のUD化の3つの要件の1つとして挙げられる「共有化」にあたり、大きく「共有化」を捉えると、授業を教師と子どもたちで「共有」するとみることができます。「授業は誰のもの？」という問いに対して、「子どもたち、教師…授業に関わるみんなのもの」と答えることにつながります。

　つなぎ手のイメージは下のようになります。紙工作では、別の部分との接着のために『のりしろ』が用意されていることがあり、この『のりしろ』同士、または、『のりしろ』と他の部分を『糊』などで貼り合わせます。授業前に設計図を思い描くこと、授業中の『糊』は教師の役目です。『のりしろ』は子どもたちが他者へ伸ばした手であり、気持ち（マインド）で、他の子どもたちとつながっていきます。『のりしろ』に『糊』が程よく塗られることで、つながりが強くなり、組み上げられることで授業が形づくられます。このように、授業のUD化の取り組みは「主体的」「対話的」な授業の実現に迫るものでもあるのです。

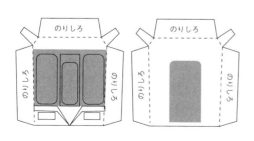

©湘南モノレール

教師が教え伝える学びと
子どもの主体的学びのバランス

教え伝えることはしないの？

　教師はつなぎ手になって、授業を展開していきます。授業には、教師がつなぎながら教え伝える場面と、子どもがそれぞれにめあてをもったり選んだ活動に取り組んだりする姿をつなぐ場面があります。小学校、特に低学年では、教え伝える場面が必要と感じられるのは当然のことです。では、教え伝えることと子どもの主体的学びをどのように配していけば良いでしょうか。算数科授業のUD化で考えていきます。

　UD化された算数科授業は『入り口が狭くなっている』と言われることがあります。算数科は子どもたちのレディネス差が大きい教科であると考えられるので、授業の中心活動である『山場』に全員をより早く導くために、授業の序盤は道筋が定まった展開にすることが多くなります。結果として、序盤に教師が教え伝える場面を設定することが増えます。その後、その授業時間内に全員が「わかる・できる」ことを目標にした学習内容に到達してからは、自由度を高めた、子どもそれぞれに応じた活動を配置することになります。つまり、時間でバランスを見ると、始めは教え伝えることの割合が大きく、個に応じた活動の割合が小さいのですが、時間の経過とともにその割合は逆転していきます。

長い期間を意識して学びを育てる計画を

　これは、1単位時間の授業だけでなく、単元、学年、小学校6年間という時

間のくくりでも同じように捉えることができます。単元はじめはレディネスの確認や導入にあたるので教師主導になりがちです。その後、学習を重ねていくことで活用や発展に重きを置いた子ども主体の時間が増えていきます。学年内でも、4月はその学年での学習への取り組み方や姿勢、ルールなどを繰り返し確認したり、『授業目標』の浸透を意図した教師からの働きかけが強調されたり、何より新しく受けもつ子どもについて知る時間であったりするので、教師主体に重きが置かれがちになります。次第に、クラスに安心感が育ち、子どもたちは自分たちで学びを作り出せるようになってくると、主体的な学びに重きを置くことになります。6年間で見ると、学年が進むにつれて、子どもたちがより主体的に学びだすことが期待されます。しかし、そこには、学年ごと、単元ごと、授業ごとの意図をもった積み重ねが必要になってきます。子どもたちにとっても、教師にとっても、これらの取り組みを学校全体で共有し、計画的に進めていくことが理想です。

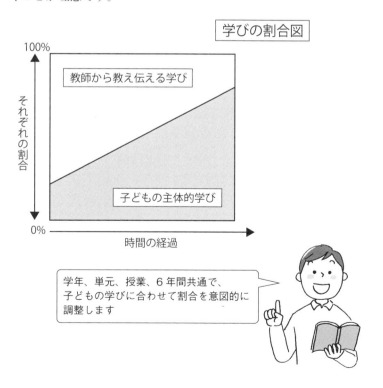

学びの割合図

100%

教師から教え伝える学び

それぞれの割合

子どもの主体的学び

0%

時間の経過

学年、単元、授業、6年間共通で、
子どもの学びに合わせて割合を意図的に
調整します

授業 UD 化を進めることで見える、
子どもたちの「学び」へのアプローチ　①

「授業」での隠れたカリキュラム：教師が教え伝える学び

　「隠れたカリキュラム（潜在的カリキュラム）」という言葉を聞かれたことがあるでしょう。「隠れたカリキュラム」とは、学校の公式なカリキュラムの中にはない、知識、行動 の様式や性向、意識やメンタリティが、意図しないままに教師や仲間の児童・生徒たちから教えられていくといったものです。男女別名簿や役割分担などの性差、「らしさ」を印象付ける色使いなどに関する場面で取り上げられます。ここでは、授業の中の隠れたカリキュラムを考えます。ここまで見てきたように、まず「教師が教え伝える学び」を考えます。

　「教師が教え伝える学び」の場面では、子どもは意図せずに、その『教師からの教えてもらい方』を学んでいます。厳しいイメージのある教師の授業では叱られないようにしたり、教師が大きな声で繰り返す場面は大事なところと判断したりといった「習い方」です。つまり、教師の説明をわかろうとすることで、適切な取り組み方を身に付けていくのです。

　いわゆる高学歴芸人がテレビ番組で次のように話していました。「授業中、黒板に書いてあることを丁寧にノートに写し取ることが良い授業態度と誤解している人は少なくない。」確かに学年が進むにつれて、このような子どもの姿を見るようになりませんか。たくさんのカラーペンで膨れたペンケースを持っている子。ほぼ視線が下がったままで、カラフルなノートを仕上げるのに必死な子。私は以前に、内容に関係なく1行ごとにペンの色を替えて、「虹みたいでしょ」と満足している子に出会ったことがありました。

　授業の受け方、習い方として適切な取り組み方でないのが残念です。

授業のUD化での様々な工夫や手立て

　小学校では、どのような『教えてもらい方』を身に付ければ良いかを考えます。先の例では「教師の話をしっかりと聞いて理解した上で、自分自身で再構築する」ということですが、小学校段階ではなかなか難しいです。しかし、『しっかりと聞く』は、「教師からの伝え教え」を受け取る大事なポイントであることには変わりません。『しっかりと聞く』に関して、授業のUD化では「全員参加」（子どもの授業へのコミット）というアプローチをします。例えば、『視覚化』の1つである提示資料のブラインドです。資料の一部を隠す・見せる、アップやルーズにすることなどで、子どもの興味・関心を喚起して、参加意識を高めます。また、声の大きさや話す速さに変化をつけたり、途中で区切ったりするなどの『話し方の工夫』や導入時にクイズや予想などで立場を明確にすることで、参加意欲を継続させることなどが考えられます。

　さらに、直接、「聞くこと」へのアプローチとしては、子どもに対して「反応しながら聞くこと」を指導します。キーワードは文字通りに「『は・な・し』を大切に聞こう」です。

> 『は』…はてな：わからないことを見つけよう
> 『な』…なるほど：わかることを増やそう
> 『し』…しつもん：わかるまで聞いて（尋ねて）みよう

　水がギリギリいっぱいまで入ったコップを持ち運ぶときは、水が漏れたりこぼれたりしないかを意識します。他に気をとられるとすぐにこぼれてしまうでしょう。「聞く」という行為は意識せずとも耳からの刺激として「聞いている」と感じますが、コップの水と同様、意識を向けておかないと、「聞こえている」というだけで内容をこぼしてしまいます。教師の話を受けて、子どもが反応できる（リアクションが取れる）ように聞くことが授業参加とつながり、『教師からの教えてもらい方』を学ぶことにもつながっていきます。

授業 UD 化を進めることで見える、子どもたちの「学び」へのアプローチ ②

「主体的な学び方」を学ぶ

　授業で「教え伝える学び」と「子どもの主体的学び」の割合が移行していくモデルを示し、そこでは、最長小学校生活 6 年間の期間までに触れました。その期間をさらに伸ばしてみていくとどうでしょう。義務教育を終えて高等教育以降、社会人になってからの「学び」を考えると、より多く必要とされるのは「主体的学び」であり、個々それぞれの「学び」です。技術の進歩、社会の変化、生じた問題の解決などに対応していくためには自分にあった「学び」を継続させることが必要です。つまり、先の図で示した『学びの割合図』を生涯学習へと広げて考えることができそうです。そうであれば、義務教育期間の小中学校で『主体的な学び方』を学ぶことがますます大切になります。

　『学び方』を英単語の学習で考えてみることにします。例えば、"committee"という語を覚える場合にどのような方法があるでしょうか。

1. 声に出して繰り返す…見る（視覚）、声に出す（発声）、聞く（聴覚）
2. 繰り返し書き続ける…見る（視覚）、書く（動作）
3. 単語カードなど（アナログ）の利用…見る（視覚）、書く（動作）、整理など
4. スマホのアプリ（デジタル）の利用…見る（視覚）、聞く（聴覚）など
5. 音節で分解し、意味を理解する…関連付け（既知）、整理　など
6. コ・ム・ム・ミ…　などに置き換え…ルール化、整理　など
7. 1 〜 6 のハイブリット（合わせ技）　　　　　　　　その他いろいろ

授業の UD 化での様々な工夫や手立て

　どの学び方が一番良いかを言うことはできません。もちろん、脳科学や認知科学の観点などから推奨される順序付けはできるかもしれませんが、一人ひとりにとって「どれが最適か」は異なります。それは、個々の個性や特徴、特性が異なるからです。視覚がより良く働く人、聴覚が優位になる人、口にすることで定着する人、動作を伴うと良い人、論理的に整理することが得意な人などです。環境も静かでないと難しい人、騒がしい場所の方が集中できる人、取り組み方も、短時間集中型の人や費やす時間＝成果という人などと様々です。

　そのような「学び方」に対して、特別支援の知見を活かすことを土台にしてきた授業 UD 化のアプローチは明確です。授業 UD 化のスタートは子どものつまずきを想定することですので、つまずきに応じて多種多様な工夫や手立てをさまざまに導入します。工夫や手立ては子どもが難しく感じるものを避け、子どもの特性を活かすものになっています。

　「口頭で何度説明してもピンとこなかった子どもが文字や図にすると理解できた」「目で文章を追っていても理解できなかった子どもが、繰り返し声に出して読んでみてはっと気が付いた」などの経験は、教師をしていると出合う場面です。そのような多種多様な経験を積み重ねることが大事なのです。子どもは次第に「自分はこの取り組み方が良い」と自分らしい「学び方」を見つけていきます。つまり、義務教育期間により多くの「学び方」を経験することが大切であり、そのためにも、授業の UD 化を進めて、子どもたちが「教え伝える学び」と「子どもの主体的学び」の両方で「学び方」探しができるようにすることが大切なのです。

　ちなみに、例として "committee" という英単語を取り上げたのは、私の高校時代の恩師が「"committee" っていう単語は見るからに、**"混みいってぇぇる"** だろ。そうやって覚えたらいいんだ。」と教えてくれたからです。そうです。覚え方や学び方は人それぞれで良い、ということですね。

授業 UD 化は方法論の前に、
「子どものつまずき」からスタートする

これまで出合った誤解から整理すると

　ここまで、「授業」について考えることで、より良い授業を実現していくための UD 化、すなわち、ユニバーサルデザイン化することの良さや可能性について述べてきました。本書での、より具体的な実践例を提示する前に、ぜひ確認しておく必要がありました。授業の UD 化を進めようとした実践の中には、『指導法』としての工夫や手立てを導入するだけに留まってしまうものを見ることがあったからです。

　同様に視点を取り上げることに注目した実践例を見ることがあり、次のような声を聞くこともあります。

　「UD 化には『焦点化・視覚化・共有化』の３つが揃わないといけない」

　「話し合う活動を取り入れることは『共有化』なので、UD 化ができた」

　「この手立ては３つの視点のうち、どれに当たるのかが知りたい」

　いずれも残念ですが、方法論に偏っているか、授業の UD 化の本質から離れてしまっています。日本授業 UD 学会の理事長である桂聖先生（筑波大学附属小学校）は以前から視点として「焦点化・視覚化・共有化」を挙げられていますが、日本授業 UD 学会 HP では **"授業 UD とは、指導方法ではなく、指導の理念であり、言わば、教育の哲学"** であり、**"決まった指導方法があるわけではなく、（視点としての「焦点化・視覚化・共有化」は）絶対的なものでもありません。"** との旨が述べられています。この本では、指導の理念、教育の哲学を "UD 化への姿勢や考え方" として、子どもたちと共有する形で『UD マインド』としています。話題を視点について移していきますが、ぜひ『UD マ

インド』を心に留めて読み進めてください。

実践例から聞かれた声に応えて

◆「UD 化には『焦点化・視覚化・共有化』の 3 つが揃わないといけない」

　この他に次のような言葉を聞くこともありました。「なかなか『視覚化』を入れることができないのですが、どうしたらいいですか。」どうも 3 つの視点は「3 要件」と呼ばれることがあるので、授業の UD 化の条件のように受け取っている方もいるようです。そんなことはありません。繰り返しになりますが、あくまでも「子どものつまずき」からスタートするわけですから、子どものつまずきが異なれば工夫や手立ても異なります。結果として、3 つの視点が揃うことは、授業の UD 化の可否とは同じではありません。

◆「話し合う活動を取り入れることは『共有化』なので、UD 化ができた」

　視点のそれぞれをどのように捉えるか、は「算数科授業」の UD 化の章でくわしく述べることにしますが、"話し合い活動⇒共有化⇒授業の UD 化" という思考の流れは単純化しすぎです（※ "⇒" を "と言えば" と読んでください）。「型（かた）」ではなく、そこに理念、哲学、そして、UD マインドがあることが重要です。また、"授業の UD 化⇒共有化⇒話し合い活動" も同じです。

◆「この手立ては 3 つの視点のうち、どれに当たるのかが知りたい」

　校内研究の研究紀要や発表のために必要なのかもしれませんが、結果として授業に取り入れた工夫や手立てを分類することは重要ではありません。ここでの視点は子どものつまずきに基づき工夫や手立てを検討するときの意識と考えると良いです。私は算数科授業の UD 化について、"4 視点 6 要件" を、子どもにとって授業に取り入れられるべき工夫や手立てを選択する視点として提案しています。また、工夫や手立てには視点や要件が複数関わっていることが少なくありませんので、とりたてて分類をすることはお勧めしません。

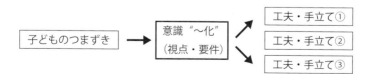

参考にする手立てや工夫は幅広く

UD だから特別支援の手立てだけ？

　一部の先生方から「授業 UD って、特別支援教育の 1 つだよね」という声を聞くことがあります。確かに子どものつまずき、発達のちがいや偏りに目を向けて、授業を考えていきます。しかし、目指すところは「子どもたちにとってより良い通常授業・一斉授業」とすることです。そのために、クラスにいる特徴的な子どもたちをより良く見ていくことから授業づくりを進めていきます。

　特別支援教育にはこれまでに多くの知見や実践などがあります。それらを通常授業・一斉授業に取り入れていくことで、当初に着目していた子ども以外の子どもたちもより良く学べる成果や効果を見ることができています。まさに、授業 UD が目指すところです。

　では、特別支援教育以外の知見や手立てを活かす可能性はあるでしょうか。もちろん、あると考えています。子どもに着目し、つまずきを想定して、それらに対する手立てや工夫を考える際には、幅広く柔軟な取り組みがあって良いはずです。具体的にはどのようなものがあるでしょう。

JSL（「第二言語としての日本語」）カリキュラム教育

　JSL カリキュラムは、日本語の力が不十分なため、日常の学習活動に支障が生じている子どもたちに対して、学習活動に参加するための力の育成を図るためのカリキュラムです。国の施策の影響で、日本語を母語としない子どもたちが増えてきています。その子どもたちの教育を進めるために、各教科指導で実践が進められ、手立てや工夫の知見が集まっています。

日本語がわからないことにより、『授業がわからなくて、ついていけない』『友だちと話せなく孤独で寂しい』などのつまずきや課題は、日本語が話せる子どもたちにも共通するものです。授業 UD の「より良く参加し、より良く理解する授業づくり」と重なる部分は少なくありません。文部科学省から「学校教育における JSL カリキュラム」が示され、各教科での資料も出版され、取り組みを進める教育委員会などの実践が公開されているので、参考にすることができます。

幼稚園などの就学以前の教育

　幼小連携事業に関わる教育委員会の方と話していて、「幼稚園の先生方が子どもに向かうときの手立てやアプローチの仕方、つまずきの見取り方は小学校でも参考にできるのではないか」ということが話題になりました。また、「仲間づくりが苦手な子どもへの対応」についても、参考にするべきことがあると考えています。直接的にも間接的にも、幼い子どもたちに対して学びや課題に向き合わせる手立てや工夫に学ぶところがあります。一斉授業を進めていて感じることがある同学年として子どもを横並びに見たときの「幼さやつたなさ」へのアプローチに活かせます。

教科担任制でも「UDマインド」でつながる

教科担任制の良さを活かすために

　小学校高学年での教科担任制導入の話題が挙がるようになっています。算数科もその対象となっています。教科担任制には、教科の専門性を活かした授業づくりや教師の負担軽減などの良さが強調されています。現実には人員の確保や専門性の向上についての手立てなどの課題があります。

　現場の先生方が感じられている不安の１つに、「**小学校での教科担任制導入で、子どもたちとのつながりや距離感、変化の気付きなどに変化が起きないか**」ということがあるのではないでしょうか。また、「**教科や教師のちがいによる子どもたちの授業への向かい方に差が出ないか**」なども気になるかもしれません。

　どの教科、どの授業、どの教師であっても、子どもたちが「授業に参加し、自分たちが授業を創っていく」という意思を共有していれば、大きな差やちがいは生じづらいです。つまり、子どもたちの授業への向き合い方、**『授業観』（授業とはこのようなものだ、という見方）を育てていくことが大事**になります。ここでの「授業観」は、**「UDマインド」に基づいた「授業は『より良く学ぶために、教師と共に学ぶ仲間で協力して創っていく時間』である」**ということです。

　自分たちで「より良い授業を創る」ことを『授業目標』に盛り込み、そのための言動が評価される視点を教師と子どもたちが共有することで、それぞれの教科の授業に取り組みやすくなります。

　残念なことですが、既に教科担任制を導入している小学校で、「教科間差」「教師間差」が原因と考えられる授業の「部分荒れ」や「特定授業の崩壊」が

見られるのは事実です。そこに対処するため、「授業とは」という授業観を共有し、教師が同じ価値観のもとで指導を進めることが大切になります。

UD マインドを学校全体に取り入れる

　高学年での「教科担任制導入」が検討されていますが、学校として「授業観」を育てることは『低学年から』進めることが有効です。高学年ではもちろんのこと、中学年でも間に合わない場合もあるからです。できれば、1年生の間に「授業観」を揃えたいものです。

　このようなものは「学校文化」として考えることができます。例えば、子どもの頃の話をすると、他の都道府県や外国での「常識」が自分の「常識」と異なる経験は誰しもあることです。各校で自信をもって、子どもたちの「授業観」を育てていきたいものです。むしろ、「UD マインド」で授業に臨むことが多くの「学校文化」に取り入れられて、全国のどこの学校でも通じる「常識」になっていることを願っています。

　また、これまでは、担任している子どもたちとの授業だけでしたが、隣のクラスの子どもたちに同じ内容の授業をすることになります。そのクラスの特性や在籍する子どもの状況に応じて、工夫や手立てを考えることが大事です。この点を意識しないと「子どもの様子や姿を考慮しない授業」に陥る危険性があります。それを避けるためにも、「授業 UD」の視点はより重要になってくると考えています。子どもたちを想定した授業づくりが大切ということは「教科担任制」でも変わらないのです。

教師ができること

松島健先生の言葉

　大学時代、松島健先生に出会うことができたのは、幸せなことです。松島先生は神戸大名誉教授（イギリス文学）で、退官される最終講義を受講することができました。30年近く前のことですが、今でも覚えている先生のお話があります。

　そのお話は**「教師が学生にできること。それは、例えば、月を見ている学生に、そっと水を張った器を差し出してやる。そこには、月が映る。月（学ぶ対象）を学生の手元に届けてあげる。そういうことです。」**

　学生時代は、「そんなものなのかな」と思うぐらいでしたが、頭の中にずっと残っていました。今となっては、改めてその意味の深さに考えさせられます。教師が学生に月について知っていることを伝えたり、解説したりするのではなく、月をより良く観察できるよう、学生自らが月を捉えられるように、遠くにあるものを身近に届ける。

　「教え授ける」という教授でいらっしゃった松島先生が、『学ぶこと』や『学びへの教師のあり方』を語ってくださったように思います。この本でも「教えるから、学ぶ」への移行を書いています。松島先生のお考えや思いという「月」を私が皆さんの手元に届けられればうれしく思います。

CHAPTER 2

「算数科」授業のUD化　理論編

算数科という教科について①

みなさんにとって、算数科はどんな教科ですか

　みなさんにとって、算数科はどんな教科でしたか。得意教科でしょうか、または苦手教科だったでしょうか。そして教師になってからは、どんな教科と捉えていますか。算数科のある日とない日では気持ちのもち方はちがいますか。算数科授業の準備をしているときは楽しいですか。印象も子どもの頃と今では同じ人も全く異なるという人もいるでしょう。まさに、授業の UD 化を想定したクラスの子どもたちと同じように、それぞれバラバラです。

　尋ねている私は、算数科は苦手ではありませんでしたが、自信をもてる得意な教科でもなく、今とは異なる古い話ですが、高校では文系数学Ⅰだけを受験科目にしていました。ところが、教員になってからは、算数科授業の準備が楽しくなりました。私にとっては子どもたちが「わかった」「できた」という反応を一番はっきりと感じられる教科だったからです。ただ、授業の UD 化編で書いたように、「よりわかりやすく説明しよう」という思いは強かったように振り返っています。同じような方はいるでしょうか。

　この本では『UD マインド』を大切にすることを強調しています（**授業のUD 化 理論編　P.10 参照**）。ですから、ここから算数科授業の UD 化について進めていくときにも、『UD マインド』を大事にしていきます。子どもの頃から計算が苦手だけれどより良い授業を目指したい人、図形をはじめとして算数全体が得意だったけれど授業づくりに困っている人もいるかもしれません。できるだけのつまずきを想定して、私なりの工夫を凝らして伝わるようにしていきますので、心の中で「は・な・し」（**授業の UD 化 理論編　P.19 参照**）につながるように読み進めてください。

授業準備の入り口を「子ども（児童・生徒）」へ

　では、今の子どもたちにとって、算数科はどうでしょうか。公になっているアンケートのデータから見ていきます。株式会社バンダイが 2019 年 3 月 19 日に発表した「小中学生の勉強に関する意識調査」結果です。

小中学生総合 TOP5					
好きな教科			苦手な教科		
1 位	算数／数学	25.1%	1 位	算数／数学	24.0%
2 位	体育／保健体育	20.1%	2 位	国語	18.8%
3 位	図画工作／美術	18.1%	3 位	体育／保健体育	9.9%

　好きな教科、苦手な教科で共に 1 位で、複数回答ではありますが、それぞれ約 4 分の 1 の票を集めています。特徴的な教科であることがわかります。さらに、性別でも見てみましょう。

好きな教科　男女別 TOP3				
男子		女子		
1 位	算数／数学	32.7%	1 位	国語	22.9%
2 位	体育／保健体育	22.7%	2 位	図画工作／美術	22.0%
3 位	理科	15.3%	3 位	音楽	21.8%

苦手な教科　男女別 TOP3				
男子		女子		
1 位	国語	24.2%	1 位	算数／数学	30.4%
2 位	算数／数学	17.6%	2 位	国語	13.3%
3 位	体育／保健体育	7.6%	3 位	体育／保健体育	12.2%

　男子は約 3 割が好きな教科に、男子の 2 割、女子の 3 割が苦手な教科に算数（数学）科を挙げています。みなさんのイメージと合致していますか。中には、「好きだけど、苦手だ」という子や「好きじゃないけど、苦手ではない」という子もいるでしょうが、授業を受けている子どもたちの想いには、かなりばらつきがあると言えるでしょう。また、それぞれの理由では“好き”な理由としては「計算が好きだから／得意だから」という声が多く、“苦手”な理由としては「計算が嫌いだから／苦手だから」という声が多くあがっており、計算の 好き嫌いが「算数／数学」に対する意識に表れたと考察されていました。

　誰でも「できる」とうれしくなりますし、授業で「できる」経験を重ねることは自信につながり、「得意」「好き」という意識につながります。算数科では特に「できる」「好き」「得意」という意識に着目することが大切である、と言えそうです。

算数科という教科について②

算数科の教科特性を考える

　学校教育の教科学習は学習指導要領によって、整理され系統化されています。その中でも、算数科（数学科）はまさに"積み上げ教科"の代表格で、「このように学びを重ねていきましょう」と明確に系統づけられている教科です。例えば、計算はたし算→ひき算→かけ算→わり算と順序づけられています。それゆえ、既習学習内容の定着が不十分だと、その影響は次々とドミノ倒しのように広がっていくことになります。「苦手な教科」アンケートで、堂々の1位となる理由でもあるでしょう。例えば、わり算で一例を見てみます。

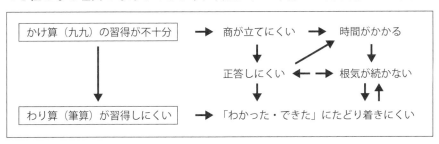

　左側は学習の連続性の中で見えてくるある子どもの状況で、右側はその子どもが学習する姿から見えてきた「つまずき」（の流れ）です。個別の対応として、「かけ算の習得が不十分」にアプローチすることも必要ですが、「わり算を学習する授業」を考えると、もう一歩踏み込んだ右側の個々に対してどのような工夫や手立てが取り入れられるかを考えます。繰り返しですが、算数科では系統的に学ぶので「つまずき」が互いに関連をもって見えてくることが多いので、取り組みやすい「つまずき」から考えていくことが有効です。例えば、『商が立てにくい』には、九九が想起しやすいような手立てや式で扱う数値の

工夫が考えられ、『時間がかかる』『根気が続かない』には、問題数と割り当てる時間の検討や活動の区切りを増やすこと（スモールステップ化）などを考えていきます。そして、個々の「つまずき」にアプローチして、良くない循環を断ち切ることを狙います。

算数科に合わせた授業の UD 化を探る

　子どもの意識や算数科の系統性を見てきましたが、やはり教科ごとに特性があり、算数科授業の UD 化を考えるには、これまでの授業 UD 化の考え方や知見をもとに、教科特性に合わせたカスタマイズをしていくことが必要です。他の教科では、3つの視点（要件）である『焦点化・視覚化・共有化』（国語科）をもとに、追加や整理をする形でカスタマイズが進められています。例えば、社会科では『スパイラル化』『動作化』『スモールステップ化』を、道徳科では『身体表現化』を加える形で提案や実践が行われています。また、算数科でもすでに『そろえる』というコンセプトを取り入れる提案がされています。このあたりにも授業の UD 化の良さが見られます。教科の特性や良さを活かしたり、実践する教師が自分らしい取り組みを行ったりすることが、目の前の子どもの授業や学びにより良い効果をもたらしています。

　ここからは、改めてこれまでに国語科を中心に示されている『焦点化・視覚化・共有化』と算数科授業の UD 化について検討し、より算数科の教科特性に準じたカスタマイズを考えます。

算数科授業の UD 化　1つ目の 視点 ：焦点化について　①

4つの視点　焦点化　共有化　構築化　視覚化

焦点化とは

　『焦点化』：焦点は "フォーカス（focus）" です。辞書では、「人々の注意や関心の集まるところ。また、物事のいちばん重要な点。」とあり、例文には「話の焦点を絞る」とあります。他の教科と同様に、算数科授業の UD 化でも『焦点化』を『シンプル（simple）にする』と置き換え、「ねらいや活動を絞ること」として大事な視点の1つと考えています。

焦点化 （Simple）	子どもが授業の中心内容（山場）により迫ったり、課題への意識や意欲を高めて学びを活性化させたりするために、授業のねらいや活動を絞ること

子どもにとっての焦点化の良さ

　焦点化が取り入れられた授業は、子どもにとってより「シンプル」であるので、授業と活動の目的についてより「わかりやすい」ものになります。教師は準備の段階で、授業で全員の子どもが「わかるようになる・できるようになる」ことを整理し、シンプルにします。授業がスリム化されることで、子どもは学習内容に向き合いやすくなり、「わかる・できる」により近づくことができます。逆の例として、教師が思いをもちすぎて多くのことを1つの授業に盛り込んでしまい、結果として子どもが振り回され、学びが生まれなかったという授業に出合ったことがあるかもしれません。以前、教師が指導案やシラバスにある "授業目標" をそのまま子どもにノートに書かせる授業を見たことがあります。極端な例ではありますが、子どもにはその授業で目指すものがはっき

りしません。

　また、子どもが「今は何を大事に取り組むか」「この活動は何のためにして
いるか」などを掴んでおく活動の「わかりやすさ」です。残念なことに、子ど
もが「先生がしなさい、っていうから、しているけれど…」と活動が「作業」
に留まっていることを見ることがあります。また、指示が複雑だった場合、授
業のねらいに近づけない子や意欲が下がってしまう子、活動に参加できない子
が出てきます。子どもの主体的な学びのためにも、子どもが自分から取り組ん
でいける活動のスタートは、シンプルな指示やルールであるべきです。また、
授業を終えたとき、授業のねらいがシンプルであれば、「できた」「難しかっ
た」などと子どもは短時間で自身の様子を振り返ることができます。

教師にとっての焦点化の良さ

　教師は授業の中心内容に着目して、整理することで、焦点化（シンプルに）
していきます。同時に、授業で全員が「わかる・できる」ようになるべきこと
が明らかになります。そこに迫る活動や学びを授業の中心活動（山場）として
配置し、授業全体の構成や流れを考えていくことになるので、計画が立てやす
くなります。【参照 P.47】

　授業で到達するべきことがシンプルで明確になると、教師からの指示や発問
も端的で簡潔にすることができます。これは教師にとっての良さであり、子ど
もにとっての良さにもなります。子どもの活動への向き合い方にもプラスに働
きます。

　授業の焦点化は、学習評価に関してもより良く働きます。評価規準がシンプ
ルであることは授業内での評価がしやすくなります。

対象	焦点化を取り入れる良さ
子どもにとって	・学習に向き合いやすい ・活動の目的が理解しやすい ・授業について振り返りやすい
教師にとって	・授業が計画しやすい ・指示や発問を精選しやすい ・評価がしやすくなる

教師のために、子どものために、授業のめあてを絞る

　授業のめあて・目標を焦点化するための手立てとして、教科書の資料を活用して、授業時間ごとのキーワードを選んでいきます。ここでは、東京書籍「新しい算数　２年生　令和２年度用・年間指導計画作成資料」を参考にしています。

　インターネット上に公開されている資料などをプリントアウトして、授業目標の中から**キーワード**をチェックするだけですので、時間はそれほどかかりません。単元全体の中で繰り返し書かれている文言をもとに、各時間のキーワードをひろいます。今回の例では、構成要素（辺や頂点の数）と意味や性質をもとにします。そしてキーワードに関して、授業の終わりには「全員がわかる・できる」ようになっていることを目指します。そして、授業の展開では、山場（授業の中心活動）へシンプルに到達し、授業時間の３分の２（45分間授業では経過 30 分）までに、キーワードについて『子どもたちが話せる状態』を目指します。残りの 15 分で子どもたちは授業の山場で「学んだことを活かす活動」に取り組みます。

　例は意味や性質などの知識に関する内容が多く含まれています。「学んだことを活かす活動」では、学ぶべき事柄（図形）を探したり作図したりするだけでなく、「そうでない図形」を探したり作図したりする活動も取り入れます。どうしても定義づけるとなると、習った事柄が正しいものと捉えがちになりますが、「ここに描いたのは三角形ですが、直角三角形ではありません。それは…からです。」と自分で作図したもの同士のちがいを意識することは構成要

素 にきちんと着目できている表れです。この活動は間口を広くとったもので、図形が得意な子がアレンジしやすいものになっています。

（資料）
単元名：さんかくや しかくの 形を しらべよう ［長方形と 正方形］（10 時間）

	授業の目標	キーワード
1	プロローグ	辺や頂点の数
2	辺や頂点の数に着目して図形を分類する活動を通して、三角形、四角形の意味や性質を理解する	図形の分類 三角形　四角形
3	図形を弁別する活動などを通して、三角形、四角形についての理解を確実にする。	三角形　四角形
4	直角の意味を知り、身の回りから直角を見つけることができる。	直角
5	長方形を構成要素に着目して見ることを通して、長方形の意味や性質を理解する。	長方形
6	正方形を構成要素に着目して見ることを通して、正方形の意味や性質を理解する。	正方形
7	長方形、正方形を対角線で分割してできた三角形を、構成要素に着目して見ることを通して、直角三角形の意味や性質を理解する。	直角三角形
8	方眼を利用した長方形、正方形、直角三角形のかき方を、方眼の仕組みや図形の性質に着目して考え、作図することができる。 三角形？	方眼　作図
9	単元の学習の活用を通して事象を数理的にとらえ論理的に考察し、問題を解決する。	適用問題　活用
10	学習内容の定着を確認するとともに、数学的な見方・考え方を振り返り価値づける。	振り返り　確認

算数科授業の UD 化　2つ目の 視点 ：共有化について　①

4つの視点　焦点化　共有化　構築化　視覚化

共有化とは

『共有化』：共有は"シェア（share）"です。辞書では、「一つの物を二人以上が共同で持つこと。」とあり、例文に「秘密を共有する」とあるように、「もの」に限らず、考えや時間、空間なども対象になります。算数科授業の UD 化でも、『共有化』を「つながることで学ぶこと」としており、大事な視点と考えています。まさに、『UD マインド』に直結した視点です。2020 年度の学校現場は、「教室に集まってみんなで学ぶ授業」が見つめ返される時間になりました。登校できない子どもたちからは「早く学校に行って、みんなと学びたい」という声が聞かれた一方で、「ZOOM なら参加しやすい」と普段は登校しにくい子がリモート授業に参加できたという姿もありました。空間を共有するかどうかは別としても、効率や費用を考えると、日本で古くから行われてきた集団で学ぶ一斉授業は変わりそうにありません。そんな集団での学習に、効率や費用というメリット以外に、集団だからこそできる「学び」にも価値があると考えます。

共有化 （Share）	子どもが思考を活性化したり、授業参加や授業理解をより高めたりするために、場面やねらいに即して話し合い活動や協働学習を取り入れること

例えば、こんな場面に出合ったことはないでしょうか。教師（大人）が図や言葉を駆使して繰り返し説明しても納得しきれない子どもに対して、同じクラスの子が一言、二言語りかけたことで「そういうことか」と表情が変わるような場面。友だちの発表に対して、「そうそう」「え、なんで」とつぶやいて、隣

の子に話しかけたり、ノートをめくり返したりする場面。仲が良い友だちが欠席した授業で、後で見せてあげるためにいつもより丁寧にノートを書く子に気づいた場面。子どもたちは授業という時間、教室という空間に集い、他者を意識することで「つながり」、そして、「共に学び」ます。それを教師は意識的に活かすことで、子どもたちがより良く学べるようにしていくのです。

誰と共有していくのか

では、子どもは授業で**誰と**共有を進めると良いでしょうか。

1）周りの仲間…先ほどの例にあったように、子どもたち同士が「つながる」ことが大事で、まさに、一斉授業（通常授業）の良さです。

2）授業者（教師）…「当然だろう」という声があるかもしれません。しかし、授業で教師はクラスの全ての子どもと「共有」できているでしょうか。一部の子どもの反応や発言に合わせて展開し、クラスには教師と授業を「共有」できていない子どもはいないでしょうか。教師はつながりにくい子と積極的に「つながっていく」手立てが必要となります。

3）これまでの自分…算数科は積み上げ教科ですので、それまでの経験や学びとの「つながり」が大切です。前時だけで

なく、これまでの学習を振り返ったり確かめたりする機会を設けることで、過去の自分と「つながる」ことができ、このような機会は自信や自己肯定感の向上につながります。

小学校段階では、子どもによってはなかなか他者の存在を意識することができません。ですから、教師が意図的に誰かと言葉を交わしたり、一緒に活動したりする機会を設けることが必要です。「UDマインド」「授業目標」に支えられて「共有化」に取り組んでいくことで授業のUD化を進めることができます。

算数科授業の UD 化　2つ目の 視点
：共有化について　②

授業では、何を共有していくのか

　続いて、**何**を共有していくかを考えます。もちろん、授業を共有するのですが、ここでは、活動に合わせてみていきます。

　1) めあて…焦点化されてシンプルになっためあてを共有します。めあてを「わかる」「できる」という授業自体のめあてはもちろん、活動ごとの「ここに向けて」「このために」というめあても共有していることが大事なので、常に意識できるようにします。

　2) 言動…授業目標やUDマインドに基づいて、子どもたちは互いの存在を意識できるようにします。友だちの発表に関心をもつ、友だちの迷いや困りに手を差し伸べるなどの関わりができるような手立てや工夫を取り入れます。

　3)「UDマインド」…授業UD化の大前提になりますが、気を付けておきたいことがあります。「より多くの子のために」と取り組みますが、その関係がいつも「Aさんが助け、Bさんが助けられる」と固定されないような共有化を目指します。例えば、算数科では「Aさんが助け、Bさんが助けられ」ますが、体育科では逆になっている場面があれば、一方的な関係ではなくなります。このように、授業のUD化は全ての教科で取り組まれるべきですし、授業外でもUDマインドに基づいた仲間づくりを進めることが望ましいです。

　また、偏った関係になりそうでも、教師は「Bさんがわかりにくかったときに、Aさんがいろいろ助けてくれるのは、Aさんの勉強にもなるんだよ」とBさんの気持ちを支える手立てを考え、Aさんには「Bさんを上手に支えることができているので、他の子たちも助けてあげてね」と固定化されない関係づ

くりへと広げます。教師はそれぞれの子どもの良さを共有させながら、さらに輪を広げる工夫を加えていきます。

Ａさんがｂさんを支える場面　　　ｂさんがＡさんを支える場面

4）安心感…"わからないこと"を「わかりません」と言えたり、いつでも前向きに授業に取り組めたりできる"安心感"を共有したいです。しかし、「まちがっていたらどうしよう」「こんなことを言って大丈夫かな」などの気持ちは発言の意欲を損なうことになります。クラスが子どもの居場所であるために、仲間づくりを子どもたちが学校で最も長い時間を過ごす授業内でも行います。授業は日常の仲間づくりに支えられていると同時に、授業が仲間づくりに対してプラスになるように取り組みます。

どのように共有していくのか

　共有化といえば、協働学習だから話し合い活動やペアワークだ、というイメージは間違いではありません。しかし、いつでも何でも「ペアやグループという形」で活動していれば、共有化できているというわけではありません。グループ内で共有化が進む子とそうでない子が混在する場合がありますし、クラス全体で進められる共有化もあります。やはり、「型」ではなく、「意識（UDマインド）」や「ねらい」、「個々の子どもへのフィット感」が大事です。今後、リモート学習が広まることが予想されます。空間は共にしませんが、一緒に授業に参加する全員の「意識（UDマインド）」、授業者（教師）が授業の「ねらい」や一人ひとりの子どもを大切に見取ることが共有化を支えることに変わりありません。むしろ、ICTなどの技術を導入するほど、「意識（UDマインド）」の意義が高まるでしょう。

算数科授業の UD 化　2つ目の 視点 ：共有化について　③

4つの視点　焦点化　**共有化**　構築化　視覚化

子どもにとっての共有化の良さ

　子どもの頃、授業で教師から指名されると、誰にも頼ることなく問われたことに対して懸命に答えようとしていた記憶があります。たくさんの人が集まる場面でいつ指名されるのか、ドキドキするのは大人になっても変わりません。皆さんはいかがですか。

　そして、今の子どもたちはどうでしょうか。自信のない授業の場面では、「先生、今は指名しないで」と考えている子はおそらく多いでしょう。授業には、良い意味での緊張感は必要ですが、必要以上のプレッシャーは取り除いてあげたいものです。もちろん、全員が自信と余裕をもって答えられるほど、「わかる・できる」ようになればベストで、授業の UD 化が目指すところでもあります。その頂に向けての１つの段階として、「共有化」があります。

　子どもの気持ちの面では、いきなりクラス全体に発表や発言をするのではなく、ペアトークで自分や友だちの考えを交流させます。もし、２人の考えが同じなら、勇気が湧いて発表に向けて背中を押されます。間違っていても、互いに言葉を交わして思考できると、一人で背負う責任感は減りますし、教師がペアとして発表できるようにすることで、さらにハードルは低くなります。

　子どもの発言や発表により、交流の機会が生まれるので、「共有化」はより進みます。また、考えや思いを言葉にして伝える（「外化」と言います）と、学びが充実すると言われます。しかし、授業時間は限られており、子どもの発言回数や時間の十分な確保はなかなか難しいです。そこで、ペアやグループなどの形態を活用し、同時進行で、「外化」の機会を増やします。

大人でも「わかっている」と思っていることでも、改めて言葉にしたり、伝えようとしたりすると、思うようにいかないことがあります。算数科の思考などでは、子どもたちはより難しさを感じることがあります。『どうして』『なぜ』に理由や思考の流れを説明する活動は、学びを深めることにつながります。「視覚化」に関わりますが、このような伝え合いをするときに、図や表、絵、記号、言葉などをそれぞれの個性に応じて活用することにつなげます。

　「共有化」では、『聞き手の育成』についてもねらいにしています。小学校段階では、「全体に話していることを自分に話していることとして聞き取れない」子が見られるのが日常です。ペアやグループでの話し合いでは、話し手は目の前の1人～数人に対して話しかけるので、クラス全体での教師の説明や友だちの発表を十分には聞き取れない子も、集中して聞きやすくなります。

　課題の「共有化」は子どもたちが「選択」したり、「立場」を明確にしたりすることにつながります。例えば、計算を伴う問題として「どちらが大きいですか」と複数を比べるものがあります。その場合、ペアで相談することで複数の計算を個人に振り分けて答えを求めます。このような設問の場合の多くは、比べることが中心ではなく、それらの値を求めることが中心となっている場合が多いです。最後は値をもち寄り、比べて答えを出します。活動の「焦点化」に関連する活動のあり方ということができます。

　Aのコピー機は5分間に40枚、Bのコピー機は8分間に65枚を印刷できます。どちらのコピー機がよりはやく印刷できますか。

　子どもの活動：　①ペアの必要性に応じて、考え方や求め方を話し合う
　　　　　　　　　②A、Bの担当を決める
　　　　　　　　　③それぞれが立式し、値を求める
　　　　　　　　　④値を問題に合うように比べて答える

　ペアごとに教師が確認し、その後、類似問題には個人で取り組みます。個人差がありますが、それぞれのペースに合わせやすい展開が考えられます。

算数科授業の UD 化　2つ目の 視点 ：共有化について　④

4つの視点　焦点化　**共有化**　構築化　視覚化

教師にとっての共有化の良さ

　一般的に、教師は授業ではクラス全体の前に立つことが多いです。子どもたちの表情や様子から「わかっているな」「話を聞けているな」と判断し、授業を進めます。受けもつ時間が長くなると、教師は子どもの様子を読み取ることに慣れてきますが、ベテランでもなかなか100％の読み取りはできないかもしれません。「うんうん」とうなずきながら、「なるほど、そういうことね」とつぶやく子がほとんどわかっていなかった、ということはありませんか。

　そこで、ペアで共有化する活動を近くで見守ることにします。ペア活動をしているそばに行って見守ります。教師が全体の前で黒板に書いたり、機器を操作したりして話しながら、子どもの様子を確認するといった複数のことをせず、子どもの姿の把握だけに努めることができます。教師の働きかけの「焦点化」とも言えるでしょう。もちろん、「次の教具の用意をする時間が欲しいから」とペア活動を導入するというのでは残念で、もったいないことです。

　また、「UD マインド」を育成したり、「UD マインド」の浸透状況を知ったりすることができます。休み時間には子どもたちはそれぞれ好きなメンバーで活動をしています。授業でのペアやグループは必ずしも休み時間を一緒に過ごすメンバーばかりとは限りません。新学年スタート時では緊張感があるかもしれませんし、既に関係が微妙になっているかもしれません。様々な姿を把握することにより、教師は助言や手立てを取り入れます。

　算数科は、計算のように「1つに決まる」結論と、考え方や理解の仕方のように「幅をもっている」結論があります。「幅をもっている」ものの場合、多

様性が許容されます。「その方法もいいよね」「あの説明がわかりやすかった」
など、それぞれの考えや理解の仕方を交流することは、学びに深さが出ます。
共有化を意識した授業では、子どもの様々な考えや意見を活かせます。『子ど
もにとっての共有化の良さ』で触れましたが、自信のない子は発表までたどり
着けないことが少なくありません。むしろ、そのような子の素朴な疑問やふと
した間違いが、算数科本来の学びに迫るきっかけになる可能性があります。

陸上のリレーは、4 × 100m でいいのかな？（100m × 4 ？）

60 分＝ 1 時間、60 秒＝ 1 分間。なぜ秒の小数点以下は 99…なの？

どうして、面積を表す単位はいくつもあるの？

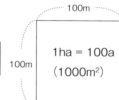

01:19.87

100m
100m
1ha = 100a
（1000m²）

対象	共有化を取り入れる良さ
子どもにとって	・緊張感を少なくできる ・活動を自分ごととして捉えやすい ・「外化」で学びを深められる
教師にとって	・子どもの理解や様子を把握しやすい ・「UD マインド」について指導や理解がしやすい ・子どもの声に基づいて学びを深めやすい

算数科授業の UD 化　3 つ目の 視点 ：構築化について　①

「構造化」と「構築化」

　授業 UD では 3 つ目までに「視覚化」があげられています。当然、視覚化の有用性は高いのですが、算数科が積み上げ教科であることを考えると、より大きく取り上げたい視点があります。それは「構築化」です。

　これまでに、UD 化では「構造化」という視点が提案されています。「構造化」には、教室などで決まった場所に機能的に置かれていることの『場の構造化』や予定を「見える化」し、見通しができるという『時間の構造化』、単元の展開、授業の展開を明確にし、ある程度のパターン化をする『展開の構造化』などがあります。

　しかし、授業 UD が特別支援の知見を活かすこともあり、自閉症児に対する『構造化』と混同する可能性があります。近いものは、先ほどの例での『場の構造化』になります。現在、教育の UD は「授業の UD 化」「教室環境の UD 化」「人的環境の UD 化」という領域を意識して研究が進められており、『場の構造化』は「教室環境の UD 化」にあたると考えて良いでしょう。そこで、直接的に授業の構成や構造に関しての手立てや工夫を考えていくことは、"授業を構築していく"視点であると考えて、私は算数科授業の UD 化では「構築化」と整理することにしました。

　『展開の構造化』に「ある程度のパターン化」とありますが、他の視点と同じように、『構築化』にも決まった型はありません。最終的には、教師が目の前の子どもたちの姿とともに、授業を構築していくことが大切です。「焦点化」で例示したような単元の「構築化」、そして、さらに長い期間での 1 年間の

「構築化」、学校全体の「構築化」を考えていくことは、子どもたちにとってより良い算数科授業の創造へとつながります。

算数科授業の UD 化のイメージ：遠足に出かけるイメージ

「間口が狭い」と指摘がある算数科授業の UD 化のねらいは、まず、『全員参加』です。「教科のイメージ調査」（P.31）でわかるように、算数科に対する子どもの好き・苦手の差が明らかなので、全員が授業の「山場」にコミットできるようにします。そのための手立てには、簡単な振り返り（のりしろ（P.15））やスモールステップ（P.62）、視覚化を取り入れた ICT 機器の活用（P.54）などが考えられます。

授業の山場では、「みんなで」学習に取り組みます（共有化）。山場で本時の目標に対して「全員がわかる・できる」ようになれば、後は、自由度の高い活動を取り入れていきます。授業の終わりには授業を振り返って、まとめをします。今日の学びの積み上げができた、と子どもたちが実感できることは、翌日以降の授業に対する意欲につながります。

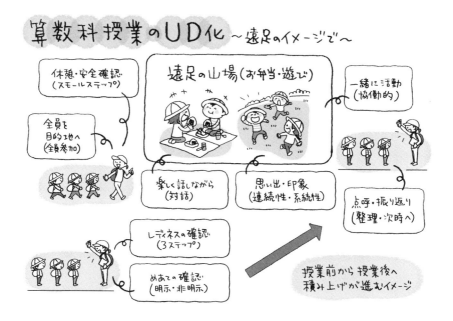

算数科授業の UD 化　3 つ目の 視点
：構築化について　②

4 つの視点　焦点化　共有化　**構築化**　視覚化

" 遠足のイメージ " について

　前ページの「算数科授業の UD 化　遠足のイメージで」について、説明を加えていきます。"遠足"⇒"算数科授業"で比較します。

　◆遠足の日。子どもたちは学校に登校します。教師は当日までに、『下見』に行ったり、経路を確認したりして準備をしています。トイレ休憩のタイミングや歩く速さ、危険な場所の有無など、様々な想定をして臨んでいます。
⇒授業準備では、子どもの姿を想像しながら構想を練ります。このペースで子どもたちはついてこられるか、時間配分はどうか、つまずく子どもの存在も考慮に入れます。

　◆出発前に子どもたちを前に、健康観察や遠足のめあての確認をします。
⇒授業開始時にレディネスを調べたり、めあてを子どもと共有したりします。

　◆遠足地に向けて校外を歩きます。交差点では遅れている子がいないか、危険はないかなどに気を配ります。教師が先頭を歩いても、時々子どもの方を振りむいて、様子を把握します。
⇒信号機がある交差点では、一度に渡り切れそうにないときは、全員が一度に渡り切れるように、子どもたちが揃うまで待ちます。授業を進めるときには、子どもたちが区切りを意識できたり、教師が子どもたちの様子を確かめたりすることが必要です。

　◆目的地に到着すると、みんなで楽しく話しながらお弁当を食べます。教師は食事の様子を見回り、しっかり仲良く食べているかを確認します。食べ終わったら、それぞれが自分の興味・関心や力量に合わせて活動します。行動範

囲も広げます。

⇒山場の活動では全員がめあてに到達できているかの意識を払います。仲良くできていれば、なお良い時間になります。その後は、自分に合わせて活動ができるように自由度を高めます。取り組んでみたいこと、得意なことを活かしてチャレンジします。

　◆集合して、目的地での活動を振り返り、片付けをして、帰路につきます。遠足を振り返って、後日、絵や作文の材料にするかもしれません。

⇒まとめは全員で振り返りをし、その振り返りを次の授業につなぎます。次時の始めに「前の時間の振り返りを確かめる」という導入も考えられます。

『構築化』：教師、子ども　どちらにもカスタマイズ

　『構築化』：構築は "ストラクチャ（structure）" です。「遠足」のイメージをベースに、他にはない "その教師と子どもたち" でカスタマイズした授業を構築します。授業に取り入れる手立てや工夫は「いつでも　どこでも　誰にでも」用いることができるわけではありません。『一期一会』という言葉がありますが、教師と子どもたちの組み合わせ、その年、その日、その時間はその授業限りです。実際、教師は常に、唯一無二の授業を行っています。その授業を「子どもたちベース」で構築していく構えを持ち続けていきましょう。

構築化 （**S**tructure）	子どもがより前向きに取り組み、学びを深められるような授業を目指して、授業や単元の構成や活動の工夫を考えたり、前後の学びとつなげたりすること

対象	構築化を取り入れる良さ
子どもにとって	・学びの要点、プロセスが理解しやすい ・子どもやクラスの実態に合っている ・パターン化されることで、安心感が増す
教師にとって	・授業のねらいと中心活動がはっきりする ・授業を重ねることで、自分らしさが発揮できる ・場面ごとの要点を意識できる

算数科授業の UD 化　3 つ目の 視点 ：構築化について　③

『構築化』：教師、子ども　どちらにもカスタマイズ

　5 年生で担任した子が学期末の"授業感想"で伝えてくれた言葉があります。
　「（算数は）最初にわかる質問や簡単な問題が出てきて、できそうな気がするからいいんだ。」

　授業の導入部分は『なめらかに』入りたいものです。授業の導入部分では、既習事項の振り返りや確認を扱い、子どものレディネスを確かめるようにしています。落語でいえば『枕』です。古典落語の内容にいきなり入るのではなくて、現代の話や世間話などを話すことで、客と落語の世界を『なめらかに』つなぎます。今の若い人には、「アプリゲームのチュートリアル」がわかりやすいかもしれません。ダウンロードしたアプリの中で説明が始まり、矢印や指先の指示に従っていくと、次々と『うまくいく経験』ができます。そこに楽しさを見いだすと、後でつまずいても「クリアしよう」とゲームを続けていけます。結果として、『なめらかに』ゲームとつながることになります。

　もちろん、既習事項ですから、全員が全ての問いにすっきりと答えられるのがベストです。しかし、その子が「できそうな気」と言っていたように、「授業に参加できそう」「授業でわかりそう」をいう気持ちをもてることが導入（スタート）としては大切です。

　導入では、「レディネスのチェック」と「これまでの学びとの接続」をねらいます。「レディネスのチェック」はミニテストなどをすればいいですが、そんな時間は現場にはあまりないので、単元、授業単位のどちらかでも、「これまでの学び」に関した振り返りをクラス全体で対話をしながら行います。

スタートで「つまずく」ことを避けたい

〈円の周りの長さ〉

T：この形って、何かな？　　　　　円！

T：三角形とはどこがちがうの？　となりの子と相談です。　頂点がない　直線がない

T：では、描くときにコンパスの先を当てたここの名前がわかる人？

ハイ！ハイ！

T：じゃあ、みんな言えそうかな。みんなで、せえのっ！

T：「円の」って言えてた人も多くていいね。　　円の中心！！

T：では、円の中心から円の周りまでの「ここ」の名前はおぼえているかな？

ハイ！ハイ！

T：自信がある人？　これもみんなで言えそうかな？　せえのっ！

半径！　直径

T：あれ？　半径ともう1つ聞こえた気がするなあ。

直径って言う声も聞こえたよ

T：では、直径はどこのことだったかな？

　　自分の席から指でなぞってみて…。　おー、みんな完璧だね。

T：直径や半径の長さって、どうやって測ってたかな？　定規で！　運動場ではメジャーで！

T：よく覚えているね。では、円の周りの長さは測ったかな？

- -

　気になる子を意識しながら、相談させたり、声を出させたりしながら、ほめて認めることを大事にして、子どもの記憶を呼び起こし、これからにつなげます。時には、「図形が得意な人？苦手な人？」などと直接的な質問をして、傾向を探ってみることも有効です。いずれにせよ、「つまずくことなく、『できそうな気がする』」雰囲気を共有します。

算数科授業の UD 化　4つ目の 視点 ：視覚化について　①

4つの視点　焦点化　共有化　構築化　視覚化

算数科での視覚化とはどんなこと？

　授業の UD 化では、国語科をはじめとした多くの教科で「視覚化」の視点を活かすことが指摘されています。これまでも述べてきましたが、子どもは意識していないときには自然と耳に入る情報を捉えきれないことがありますし、音声情報から思考を進めることが難しい子どももいます。そこで、**視覚による情報で補ったり、感情や情景などを"見える化"したり、文字情報を視覚に訴えるような手立てを取り入れたりすることは、授業の UD 化として有効的に働くことが、これまでの実践でも明らかになっています。**当然ですが、算数科でも「視覚化」の良さを活かしていくべきです。ただ、各教科には『教科特性』があるので、算数科としての『視覚化』を考えていく必要があります。

　算数科では定義や名称などの知識、作図や作表、計算などの技能、数学的な論理的思考力などの考え方などを学習しますが、概念や頭の中での思考など、そのままでは視覚的に捉えにくい事柄を多く扱います。そのたびに「図に描きましょう」「数直線を使いましょう」と見えるようにしています。計算でも「暗算」だけでなく、「筆算」に慣れることで、より正しく計算ができるように練習します。つまり、**算数科では、『すでに視覚化はある程度導入されている』ことが前提になるので、他教科とのちがいがここにあります。**この前提をもとにして、さらに踏み込んだ形での「視覚化」を考えていかないと、「算数科の視覚化」が見えてきません。むしろ、子どもたちの学習の妨げや教師の自己満足になってしまいます。「視覚化を」と考えて取り組まれた事例を挙げて見ていくことにします。

〈具体例〉

> ①「問題文にある数字がわかりやすくなるように、○をつけましょう」
> ②「問題文の大事だと思うところに、下線を引きましょう」
> ③教科書にある図形を拡大コピーして、黒板に貼る
> ④図形について、わかっているが記載されていない長さなどの数値を書き
> 　込ませる

①と②は、授業で教師から出た指示です。子どもたちは、問題をじっくり読むことなく、数字を見つけては、○をつけていきました。問題が読み取れない子は数字を使って思いついた計算にあてはめました。算数科で数字を意識することは大切ですが、ただ○をつけることは学びにはなりません。　②では全体に「どこに下線を引きましたか」と問いかけて、集約するようなこともありました。ある子は問題文全てに下線を引いていますし、どこに線を引けば良いかで頭を抱える子もいました。①②の○や下線は「強調する」ことをねらっていたと思われます。このような手法は『ハイライト効果』と言えます。『ハイライト効果』は意識をむけるための手法として有効ですが、授業ではそこに「思考」「考え」「意図」がなければいけません。①であれば「その数字が何を示しているのか」、②であれば「どうしてその部分が大事なのか」がもとになって、○や下線が加えられるようにしなければいけません。

③については、必要な手立てである場合が多いですが、授業者の「視覚化として、拡大図を貼りました」という説明には「？」が浮かびます。つまり、「授業のUD化」でなくても、算数科が概念や図形などを扱い、文字や音声の情報だけでは十分でないときには、図や絵、表などを活用（あえて、区別するために『見える化（Visualize）』とします）してきました。④も解法の手続きではありますが、書いていない数値を記入することはUDとしての「視覚化」ではないです。「授業のUD化」として「視覚化」を考えるなら、機械的・手続き的なものでなく、同じ『見える化』のようでも、思考を伴うものであり、つまずきを覚える子どもにとって必要な手立てにする必要があります。授業のUD化での「視覚化」には、これまでの『見える化』では学びにくい子どもにとっての手立てが求められるのです。

算数科授業の UD 化　4つ目の 視点 ：視覚化について　②

4つの視点　焦点化　共有化　構築化　**視覚化**

視覚化…見える化と強調と見てわかること

　『視覚化』は英語表記では "Visualize" となることが多いです。抽象的なものを「心に描く」「思い浮かべる」などを意味します。抽象的概念を扱う場面で具体物を使ったり、絵や記号化した図を使ったりすることも含まれます。

　そして、これまで述べてきたような「強調する」「目立たせる」といった "Highlight" という意味合いも含んでいます。「視覚的な工夫」と言えるものでしょうか。線を引いたり、○などの印をつけたりすることです。

　さらに、それらの方法をもとに「見てわかる（理解する）」という "Understand" のニュアンスを合わせ、視覚化に "See" という言葉を当てることで、算数科授業の UD 化での「視覚化には3つの要素がある」ことが示せると考えました。

> 視覚化 =「（抽象的なものの）見える化」＋「視覚的強調」＋「理解」
> "See" = "Visualize" ＋ "Highlight" ＋ "Understand"

　では、どのような『視覚化 (See)』が考えられるでしょうか。**教師による「視覚化」**として、子どもの興味をひくような画像や動画を提示することで思考のスイッチを入れたり、情報を整理したり、話し合いやそれまでの過程を図式化したりしてより理解が進むようにしたりという手立てがあります。授業の UD 化の『焦点化』『共有化』とも連動する手立てでもあり、子どもにとってその授業での学びに効果的です。

子どもが『視覚化』を自分のものにする

　授業で教師による『視覚化』に触れる経験をすることで、子どもは「自分自身が」学習や思考の場面で活用するようになります。つまり、**子どもによる「視覚化」**につなげていくのです。それを見通した活動を授業に取り入れることも、「視覚化」の範疇であると捉えても良いと考えています。

〈考えを伝える〉　5年生：どちらが速いかな？
"3年生にわかるように絵や図などを使って説明しよう"
Aさん…1分で200m走る　Bさん…90秒で350m走る

　伝える相手が「年下の3年生である」という相手意識を高めて臨めるようにします。3年生に対して①文字や言葉、式だけでは伝わりにくい　②立式や計算の仕方の説明では不十分になるので、丁寧にわかりやすくするべきだ、と考え、それまで自身が体験した授業での**教師による「視覚化」**を子ども自身が活用していきます。

教師による「視覚化」⇒子ども　　5年生による「視覚化」⇒3年生

　この活動の積み重ねは「子どものプレゼンテーション力」の基礎になります。例えば、『少しずつ見せる方法』を取り入れることは、『説明の順序構成』や『順序だった思考や説明』と連動します。
　そして大切なことは、**「成功体験」**です。この例では3年生を対象として考えますが、実際には説明について「5年生」が共有するので、3年生からの「わからない」「難しい」といったネガティブな反応は少なく、「この説明ならわかるんじゃない」「2年生でも大丈夫かも」などとポジティブな声かけや、課題を見つけても「わかる子もいるかも。でもこうした方がいいかも…」と『ポジティブな仮想』のもとで進められます。どの場面においても「できた」という経験で算数へのイメージが向上することはとても大切なのです。

算数科授業の UD 化　4つ目の 視点 ：視覚化について　③

4つの視点　焦点化　共有化　構築化　**視覚化**

" 整理された授業 "

　小学校の先生方は、配慮が行き届き、整理整頓が得意な方が多いというイメージがあります。いわゆるできる先生の教室は、きれいに整えられて、無駄なものがないというのも同様ではないでしょうか。むしろ、私が新任のときには、そのような姿や教室を見習うように教えていただいたように思います。

　また、「小学生の授業だから」と丁寧に、きちんと整理された教材や掲示物であるべきと、そこに時間や労力を注いできたことも少なくありません。理論編で書いていますが、それらの配慮は『わかりやすく教える』ためであったのではないでしょうか。つまり、教師が「わかりやすく教え」、子どもたちが「教師の話をより良く理解できる」ためのものと言えます。

　授業 UD では「わざと整えない」「わざと見せない」という手立てが考えられることもあります。子どもたちがそれらに接したとき、**「ややこしさ」「わかりにくさ」などを感じる**手立てです。例えば、表やグラフなどの整理を扱う場合、最初、ランダムに配列されているようなことです。教師が「誰も間違わないように、**一目でわかるように**」と整理するのとは、真逆ですね。

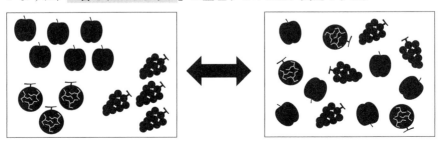

つまり「視覚化」＝「より見やすい（わかりやすい）」だけではないと言えます。下の例では、「視覚化」「焦点化」「共有化」とのつながりを見ることができます。

①始めは大きく見せる（アップで）／小さく見せる（ルーズで）
②始めは一部を隠す／一部を見せる
③始めはほんの一瞬だけ見せる／数秒だけ見せる

　子どもたちから「え？」「あれ？」「わからない」「もう一回」「時間を長く」などの反応が見られるのは**「視覚化」＝「より見にくい（わかりにくい）」の効果**であり、「焦点化」が進んでいるとも言えます。また、それらの声は、子ども同士、子どもと教師をつなぐので、「共有化」も進んでいると言えます。繰り返しになりますが、「〜化」に振り分けることが大事ではないのですが、あえて、**相互作用の例**として、並べて紹介しています。
　また、「必要性」「効率性」「面倒」「間違えやすさ」が生じていることは、オーセンティック（真正）な学びのベースになり得ます。例えば、面積の単位で、c㎡だけで表していくと、面積が広くなればなるほど、"0"が増えて「わかりにくさ」や「面倒」「間違えやすさ」が生じます。それを解決するためにどのようなことが考えられるか、どのように対処しているか、という課題に子どもたちが取り組むことが大切です。

100000000 ㎠

"0"が多すぎて
わかりにくいよ…

対象	視覚化を取り入れる良さ
子どもにとって	・考えが見えて共有しやすい ・直感的に理解できる ・多様な説明を可能にする
教師にとって	・強調する箇所を意識できる ・興味関心、意識を高められる ・評価に活かしやすい

算数科授業の UD 化　1つ目の 要点 ：『選択』について

4つの視点からひろげる『6つの要点』

　算数科で4つの視点を中心に授業の UD 化に取り組んでいくうちに、それら の視点と**関連する、補足する、補い合うような**手立てや工夫としての**特徴的な 6つの『要点』**が見えてきました。ここからは、その『**6つの要点**』について 考えていきます。

6つの要点⑴　　　『選択（Select）』

　外食をする際に、お客さんが注文の一部を選択できる場合があります。例え ば、ソースの種類やメイン料理を決めたり、ドリンクのタイミングを選んだり というようなことです。もちろん、すでにその店を選んで、食べたいものを選 んでいますが、注文時に店員さんと話して、『選択』（最終のカスタマイズ）を します。この**『選択』により、注文する料理により深くコミットすること**にな ります。届いた料理が思った通りだったり気に入ったりすれば「良い選択だっ た」と、イメージと異なったり口に合わなかったりすると「失敗した」と、食 事や料理についての「自分事感」が高まります。

　授業 UD で大事にしている「参加」も同じです。授業をただ聞いているので はなく、**授業への関わりを増やす意味での「参加」への手立てとして、『自分 が選んだ』という意識が大事**です。他教科でも、授業はじめに「A」「B」「わ からない」など、いくつかの選択肢から自分の考えに近いものを選ぶ活動があ ります。学級活動での話し合いでも、「はい」「いいえ」「考え中（どちらでも

ない・迷い中)」を集計して、参加度を高めているような実践例もあるかと思います。人は関わりが深いほど、より関心を持つようになるのは自然です。

自由回答と選択回答のバランス

　今は教師をされている方でも、学生時代には様々な試験やテストを受けてきたことでしょう。では、自由記述問題と選択式問題では、どちらが取り組みやすかったですか。全くわからない問題の場合、自由記述では手も足も出ずに白紙・空欄のままになります（または、とりあえず何かを書く！）が、選択式問題では「とにかく選んでおこう」と何らかの答えを示せます。実力を見るテストとして精度としては誤差が出るかもしれませんが、その問題に「答えた」という回答（参加・チャレンジ）になります。

　また、センター試験や資格試験などの選択式問題の5つの選択肢の中には、「これは正解ではない」と真っ先に外すことができるものがあります。いわゆる消去法の考え方です。「絶対に③は間違っている」などと全員が言い出すようなこともあります。そんな選択肢に対しても、教師が「どうして、正解じゃないのかな」と問うことで、参加度は高まります。ここで大切なことは、**「これは正解ではない」と理由づけられること**です。教師が1つひとつ解説をしなくても、「それから②もちがうよ」と子どもたちは自信がある順番に（多くの場合、難易度順に）理由を話しだします。子どもによっては、1つだけ消去できるかもしれませんが、4つを消去できる子もいるでしょうから、消去しきれない子が他の子の言葉を聞くことで学習を進めることができます。

立方体の頂点の数はいくつですか。
　1）3つ　　2）5つ　　3）6つ　　4）8つ　　5）12つ

奇数ではないと思うよ。だって…

1）だけはちがう気がする。正方形でも…

正解は…だな。説明の仕方を考えよう。

算数科授業の UD 化　2つ目の 要点 ：『立場・見方』について

6つの要点⑵　　　『立場・見方（Standpoint）』

　1つ目の要点「選択」と近いものが『立場・見方』です。「選択」をすると、『立場』が定まってきます。理科の仮説実験授業などで取り入れられていることでもあります。「これだ！」と予想し、そのようになるかを探るような活動につながっていきます。

　算数科は「積み上げ教科」であるので、**「既習したことがこの場面でも用いることができるか」と予想して学習を進めることがあります。**例えば、『筆算の学習で、それまでの手順を計算する数字の桁が増えても、そのまま同じ手順で良いのか』だったり、『異なる数字の分母をもつ分数同士のたし算は、同じ数字の分母をもつ分数の計算と同じ考え方で良いか』だったりします。

　一の位でのたし算の繰り上がりは、十の位でも、同じ手順で操作できます。子どもたちは「"一の位だから"ではなくて、他の位でも、"筆算のきまり"として、同じ手順でいいんだ」と整理することができます。分数のたし算は"分母が同じ分数同士なら"と計算方法を考えてきているので、条件である「同じ分母」が外れると、「できなくなるのではないか」「なぜ、できなくなるのか」と考えることで、分数本来の仕組みに触れながら、分数のたし算を考えていきます。**子どもたちから「ほらー」「やっぱり」「えー」などの声が漏れるには、それぞれの『立場・見方』が意識してできていることがポイントです。**

同じ方法で大丈夫だよ！
やってみよう！

無理じゃないかな。
今までとはちがう気がする。

『立場・見方』と UD マインド

　一斉授業での授業の UD 化には『UD マインド』の醸成が伴うべき、と指摘してきました。『立場・見方』についても、『UD マインド』との関連に触れていきます。一斉授業では子どもの「わかる・できる」に関して、タイムラグが生じます。早くわかる子、一度でできるようになる子もいれば、じっくり考えることで理解できる子、あきらめず繰り返して身につける子など、それぞれです。そんなタイムラグが生まれる場面では、**子どもが「今、わかっている」「今、わからない」という自分の『立場・見方』を知り、遠慮することなく、周りと共有できることが必要になります。**

　できていない子が「今はまだわからないです」と言えるだけでなく、できた子が「できた」と言えることが『立場・見方』を知り、伝えることになります。当たり前の発言ですが、できていないことを表現すると笑われたり、できたことを表現すると否定的な言動で返されたり、受け止めてもらえなかったりする様子が見られる教室では、『UD マインド』を浸透させていく必要があります。子どもたちによる "今の状態" を伝えることが認められないと、教師は学びの状況を掴めませんし、子どもたち同士も「みんながわかること」に基づいた授業目標に迫ることができません。

　また、『立場・見方』を意識する**機会を増やすためには、活動をスモールステップ（小段化）にしていくことになります。**同時に、これは教師からの承認の機会、子どもの成功体験の機会を増やすことになり、『立場・見方』や状態の理解を細やかにできることにもつながっています。

算数科授業の UD 化　3つ目の 要点 ：『スモールステップ（小段化）』について

6つの要点 選択 立場・見方 **スモールステップ** 積み重ね スパイラル 得意・上手

6つの要点⑶　　　『スモールステップ（Small Step）』

　3つ目の要点には『スモールステップ（小段化）』を取り上げます。スモールステップにすることは、授業の中でギャップや負担を小さくして、徐々に目標に向けてステップアップすることを想定しています。導入の場面でこれまでの学びを振り返ったり、思い出したりする段階から、つまずくことがないように、小さな段差を上がっていきます。どちらかというと、教師が主導して進める場面で用いることが多い手立てです。

　このように、**スモールステップ化のねらいは、授業の中での『立ち止まり』の機会を増やせるようにしておく**ことでもあります。構築化の"遠足のイメージ"でもあったように、"信号で立ち止まる"ように、子どもたちが「授業についてきているか」を確認するために『立ち止まり』ます。しかし、同時に最初から、『立ち止まり』の場面を多く設定しすぎると、子どもたちに細切れ感を抱かせたり、授業の流れの妨げになったりすることもあります。そのさじ加減が難しいですが、子どものレディネスや課題の難易度などによって、教師が調整していきます。

　ただ、気を付けたいのは、子どもの様子を知ろうとして、**「ここまでわかった人（は手を挙げましょう）」** と尋ねることです。もし、わかっていない子どもがいて、それを挙手で伝えられたら、『UDマインド』が定着している表れとして、とても良いのですが、どうも怪しい様子でも「わかった」と手を挙げてしまう子どもがいる場合があります。教師としては、確認や安心のために尋ねますが、このように、実態に即してないリサーチになることも忘れてはいけ

ません。中には、ほとんど手が挙がっていない状態でも、何人かの「はーい！」に流されて、確認しないで「大丈夫だね」と先に進んでしまうこともあるのではないでしょうか。"わかっているか、まだわかっていないか"という状況を尋ねるのではなく、例えば、学習内容をペアで説明し合えるか、ポイントに関する問いに声を出して答えられるかなどの方法がより子どもの様子を把握しやすくなります。

『スモールステップ』は子どもを認める場面が増える

ある小学校の先生が話してくれました。

> 『スモールステップを取り入れて、子どもの様子を見るために、言葉を交わし合うと、子どもをほめたり、認めたりする機会が増えたんですよ』

とても素晴らしい指摘です。教師が授業を進める場面で確かめるのは、「つまずいている子はいないか」ということになりがちです。すると、「あの子が危うい」「わかっていないのは残念だ」と感じて、時間を多く割りあてるような流れも出てきます。もちろん、できていない子へのフォローは必要ですが、スモールステップ化することで、段差やギャップは小さく、わかる子やできる子が比較的多くなるので、その子たちへポジティブな声かけや評価ができることになります。そして、その機会が増えることは、認められる子、評価される子が増えることです。まさに、このような小さな取り組みを重ねることがスモールステップであり、その積み重ねによって子どもたちの授業への取り組み方が変容してきます。

算数科授業の UD 化　4つ目の 要点 ：『積み重ね』について

6つの要点　選択　立場・見方　スモールステップ　**積み重ね**　スパイラル　得意・上手

6つの要点⑷　　　『積み重ね（Stack）』

　4つ目の要点は『積み重ね』です。繰り返しですが、算数科は「積み上げ教科」であり、「系統だった教科」です。それゆえ、授業と授業、学びと学びにつながりをもたせることは、子どもたちにとってより良く働くと考えます。

　よくある質問に「昨晩の夕食は何でしたか」というのがあります。みなさんは、瞬時に答えることができるでしょうか。タイミングによっては思い出しにくいときがあるかもしれません。子どもたちは多くの場合、一日おきに算数科の授業があります。授業を終えたときにはわかったと思っていたことでも、**一日たてばあいまいになってしまうことが少なくない**でしょう。ですから、授業と授業をつなぐ手立てを取り入れることは、子どもの学びを助けることになります。つなぐ手立ては『のりしろ』部分や『連結』部分であると言えます。

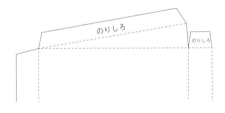

　授業のはじめとおわりにつなぎとしての『のりしろ』を作ります。導入とまとめにあたる部分です。

　導入では、前時を振り返っての問いやノートをめくり返すことなどを取り入れます。『授業まとめ』を読んでみることは直接、授業内容を想起させることができます。計算や用語などについては、フラッシュ的に提示することも考え

られます。前時にキーとなる言動があった子どもの名前を取り上げて、質問することも、**学びの連続性を高める**ことになります。また、問題解決の方法などは誰が発表したかを一緒に思い出すことなどで、印象をより強めます。

●●さんがわかりやすく説明してくれていたね。

これは誰が発表してくれたっけ？

前回の授業まとめを読みましょう

　まとめでは、多くの教室で取り入れられているように、いわゆる『授業まとめ』を書きます。しかし、子どもたちの多くは『何のために、まとめを書くのか』がわかっておらず、説明もされていない場合があるようです。学校や地域によっては、『書くことになっているから』と取り組んでおられる教師の方もいるかもしれません。そこで、『積み重ね』という要点に基づいて、子どもたちに「（まとめを書くのは）今日の授業で学習したことを残しておいたり、これからの学習につなげたりするためだよ」と伝えた上で、教師もせっかく書いている『授業まとめ』をより活かしていくべきだと考えます。

　6つの要点(2)　『立場・見方』で取り上げましたが、**新たな学びに向かうときに、『それまでの学びをベースにする』ことは『積み重ね』そのもの**です。日常生活の場面でも、「一部が新しくなっているけれど、これまで通りにやってみよう。うまくいけばいいし、うまくいかなければ別の方法を考えよう」という試行・思考のプロセスです。「2年生のときはどうしていたかな？」「今日の問題とは、ここがちがうね」などと教師がリードすることで、これまでの学びに積み重ねていきます。これまでの学びに重きを置いている『スパイラル化』とのちがいは、『積み重ね』は今の学びをより強く意識している点です。

四角形の内角の和は360°だから…。

70°　?　100°　80°

四角形の内角の和は360°　これは…四角形かな。内角って…。

24°　x　45°　25°

算数科授業の UD 化　５つ目の 要点
：『スパイラル（らせんスロープ）』について

6つの要点⑸　　　『スパイラル（Spiral）』

　５つ目の要点は『スパイラル化（らせんスロープ）』です。先に挙げた『積み重ね』と異なるのはその時点までの学びをより意識している点です。補足すると、これまでの学びにつなげることで、知識や技能について反復する機会をもったり、数学的な考え方をより確かにしたりすることです。算数科の内容は「数と計算」「図形」「測定」「変化と関係」「データの活用」の領域に分けられて、各学年にバランスよく配置される構成になっています。ある学年は１年間、「図形」だけを学習する、という風にはなっていません。このバランスの良さに利点はありますが、子どもたちは「数と計算」⇒「図形」⇒「データの活用」→「数と計算」⇒「測定」⇒…と、単元ごとに学ぶ内容が変わります。

　例えば、５年生では「1. 整数と小数のしくみをまとめよう」「2. 直方体や立方体のかさの表し方を考えよう」「3. 変わり方を調べよう（1）［比例］」「4. かけ算の世界を広げよう［小数のかけ算］」…という具合です。

　次に、領域別系統表（啓林館）を見ると、各学年での配置がわかります。

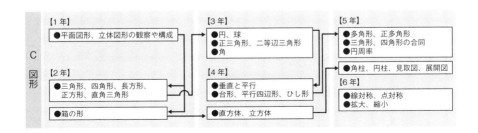

これまでの学びにつなげて、深める

　小学校の算数科の場合、担任が授業を受けもつことが多いので、以前の学年で同じ領域について教えた教師が再度、授業を受けもつことは少ないかもしれません。残念ながら、現実問題として、教師がどのように教えたか、子どもがどのように学んだかを知ることは難しいです。むしろ、知らないからこそ、子どもたちの学びを呼び起こして、今の学びにつなげます。

　「分数」についてみると、教科書では2年生・3年生・4年生・5年生・6年生と10か月前後の間隔をあけて取り上げるような構成になっています。2年生で「△つに等しく分けた1こ分を『△分の1』という」、3年生で「もと（としたもの　例：1m）を1としたとき、△つに等しく分けた1こ分を『△分の1（m）』という」とし、3年生で2年生の学びとつなげます。前回の学習から時間があいているので、"0"からのスタートとしても、2年生での学びに触れることが大切です。特に、『等しく』を繰り返し強調することは、後の『分数とわり算の関係』の学びをスムーズにします。

　図形では、『長さ』『面積』『体積』とつないでいきますが、それぞれの基本単位のいくつ分になるか、についての「一貫性」が大切になります。「『長さ』でしたように…」「『長さ』や『面積』の学習で考えたように…」と教師が、ま
たは、子どもがつなげることができれば、一貫性を強調でき、思考についての定着が図れます。また、『長さ』『面積』『体積』を考えるときには、「数値の四則計算が可能」、「それぞれを変えなければ、移動や変形が可能（例：等積移動・等積変形）」であることも、繰り返し取り上げたい考え方です。

　右はらせん階段を登るごとに各領域部分を通過していくイメージ図です。

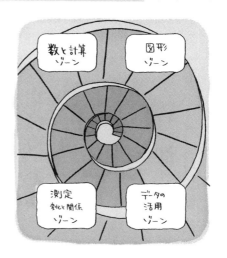

算数科授業の UD 化　6つ目の 要点 ：『得意・上手』について

6つの要点 | 選択 | 立場・見方 | スモールステップ | 積み重ね | スパイラル | **得意・上手**

6つの要点⑹　　　『得意・上手（Superior）』

「授業 UD は学習がしんどい子に合わせるので、レベルを下げているのではないか」という声を聞くことがあります。確かに全員が「わかる・できる」ことを目指しているので、そのように感じる人もいるでしょうが、レベルを下げないからこそ、子どもたちの姿を捉え、そこに向けて手立てや工夫を考えて実践していくことになります。

次には「よくできる子どもや得意な子にも楽しい授業なのだろうか」という質問を聞くことがあります。もちろん、そのような子どもたちも活き活きと参加できる授業を目指します。ここでも大切なのは『UD マインド』で、「どの子にとっても」という意識です。

得意・上手な子にとっても、『できた』という気持ちは満足につながりますし、自己肯定感の向上にもつながります。一人ひとりがそれぞれ学習しているのではなく、一斉授業で共に学ぶときには、そこに別のめあてや満足感をもてるようにしておきたいものです。

授業目標を共有して

1つは『授業目標』で掲げた「みんながわかる・できる授業」に基づくアプローチです。それぞれが「わかる・できる」ようになることは、その授業目標に向けての一歩です。そして、『自分以外の子がわかる・できるように貢献すること』は次の一歩になります。そういった場面や機会を設けることが教師の手立てや工夫になります。

例えば、「では、わかった人は手を挙げて、答えましょう。」と投げかけるところを、「では、わかった人は手を挙げて、ヒントを言ってみましょう。」とすることです。1つ目だと、できた子が答え、教師が認めて『2者』で完結です。2つ目だと、教師が「手を挙げている子がわかっているんだね」と承認しつつ、その「わかっていること」をクラスに広げているので、『3者以上』に広がります。答える子もヒントを考えることで、思考を重ねます。

発言を受けて「よくわかっているから、よいヒントだね」「今のヒントでひらめいた子が増えたよ」などと評価し、価値付けます。他の子どもからの「うまいなあ」「大サービスのヒント！」などの声も発言の支えになります。

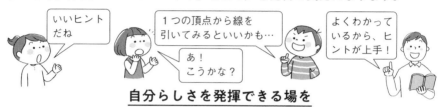

自分らしさを発揮できる場を

授業の山場の後は、その時間の学びとそれぞれの個性に合わせた活動を取り入れることがあります。そこでは、得意・上手な子は短時間で1つの活動を終えることができる場合があるので、教師は「1つできれば、さらに進めると良い」「工夫ができていると良い」と指示しておきます。評価の観点である『学びに向かう力・人間性等』との関連も考慮しておきます。

例えば、**問題づくりの活動です。大切なことは、その授業で学んだことがベースになっているかです。**得意・上手な子の中には、授業の要点を掴んで工夫できる子がいますし、逆に、ただ数値を非常に大きくしたり、同じような問題を数多く作ったりする子もいます。教師からのアドバイスもありますが、それらの問題は他の子どもたちが向き合うので、仲間からの評価が作成者に返ってきて、次第に「求められるもの＝良い問題」へと進んでいきます。

質と量でクラスをリードし、その姿や頑張りを認められることは、授業に前向きに取り組む力になります。「UDマインド」をもとにした授業で、よくできる子、学びにくい子、どちらでもない子、どの子にとってもより良い学びを実現していきます。

算数科授業の UD 化
４つの 視点 ・６つの 要点 " まとめ "

４つの視点と６つの要点　　『10 の " S "』

　ここで、４つの視点と６つの要点について表でまとめます。合わせて 10 個を挙げてきました。お気付きかと思いますが、それらの視点と要点を英語表記したとき、頭文字が " S " となるようにしています。『算数科授業の UD 化 10 の " S "』です。普段は英語表記にすることはないでしょうが、個人的には『視覚化』を visualization にしないで、See にすることなどについては、その意味合いにもこだわってきました。

　あくまでも整理のために表にしていますが、**大事なことは「取り組んだ手立てや工夫がどれに該当するか」ということではありません。**１つの手立てが複数の視点や要点に関連することがありますし、関連を見付けにくい手立てや工夫もあるでしょう。大切なのは、授業を共有する目の前の子どもたちにとって、より良く参加でき、より良く理解でき、楽しく学べることです。「こういうことをねらいたい」という思いを具体化していくときの手立てとして、次の表が活かせれば良いでしょう。

　また、授業見学や研究授業に参加する機会で出合う手立てや工夫について、授業 UD 化の目線で「そのねらい」や「その効果」を考えることは、それぞれの教師の「授業 UD 化のカスタマイズ」になり、授業 UD 化の幅が広がります。

　子どもたちが UD 化された授業を経験することで、自らの学び方を構築していくように、教師は授業を UD 化していくことで、自分らしい授業を、また、自分らしい授業づくりのスタイルを構築していってほしいのです。

...もにとっての良さ	教師にとっての良さ
...向き合いやすい / ...目的が理解しやすい / ...振り返りやすい	・授業が計画しやすい / ・指示や発問を精選しやすい / ・評価がしやすくなる
...を少なくできる / ...ととして捉えやすい / ...で学びを深められる	・子どもの状態を把握しやすい / ・UD マインドを指導しやすい / ・子どもの声を活かしやすい
...ついて理解しやすい / ...ちに合わせてある / ...ン化で、安心できる	・ねらいや活動がはっきりする / ・自分らしさを活かしていける / ・場面ごとの要点を意識できる
...見えて共有しやすい / ...に理解できる / ...説明を可能にする	・強調する箇所を意識できる / ・興味関心、意識を高められる / ・評価に活かしやすい

...もにとっての良さ	教師にとっての良さ
...答えやすくなる / ...の考えが見えやすい / ...感覚で参加できる	・子どもの状況がつかみやすい / ・参加意欲を高められる / ・授業の導入を設定しやすい
...様子を確かめられる / ...めあてがわかりやすい / ...発言の方向が定まる	・子どもの状況がつかみやすい / ・参加意欲を高められる / ・授業の展開に活かしやすい
...のつまずきに気付ける / ...つじっくりと学べる / ...なところがわかりやすい	・子どもをほめる機会が増える / ・子どもの状況がつかめる / ・教師のペースで進みすぎない

積み重ね （Stack）	・振り返ることで安心できる / ・まとめを次の学びに活かせる / ・学びがより確かになる	・学びの連続性を活かせる / ・授業の導入を設定しやすい / ・学びの様子を確かめられる
スパイラル （Spiral Slope）	・学習を思い出す機会になる / ・学び直しで確かに学べる / ・今の学びにプラスに働く	・これまでの学びがわかる / ・学びを確かにする機会になる / ・系統性の良さを活かせる
得意・上手 （Superior）	・自分らしく学べる / ・自分の良さを活かせる / ・他の子のよさがわかる	・子どもの良さを見付けやすい / ・活動に広がりをもたせやすい / ・時間が余る子どもが減る

マジックナンバー

1万時間の法則

　時間の法則はマルコム・グラッドウェル氏が『Outliers』で、成功への
マジックナンバーとして紹介しています。一流になる（成功する）ために
は、総練習時間が1万時間に到達しなければならないというのです。その
後、妥当性や実効性などの検証や反証が行われてきましたが、あえて、
「教員の授業10000時間」を考えてみます。

　算数関連の本らしく、計算していきます。10000 時間 = 600000 分です。
授業を 45 分で考えると、600000 ÷ 45 = 13333.33…コマとなります。週
に 25 コマの授業担当では、13333 ÷ 25 = 533.33…週です。年間 35 週で、
533 ÷ 35 = 15.22…年。

　15 年目は、公立学校では 3 〜 4 校目で、大学卒すぐの教員スタートな
ら、30 歳代後半から 40 歳前後でしょうか。初任者の方からすると、15 年
は長いと思われますか。経験年数 15 年以上の方は妥当な期間と考えられ
ますか。

　はじめに検証や反証がなされていると書きましたが、主なものを挙げて
見ますと、「環境や時代の影響」「練習の質の影響」「データの多くは 10
代」などがあり、それらによって、一万時間は長くも、短くもなると言い
ます。

　確かに、「環境」として共に働く仲間の存在や学校の雰囲気や状況は大
きいでしょう。「時代」も戦後の昭和、平成、令和では、大きく異なりま
す。なかでも「質」は一番の要因です。授業を受ける子どもたちのことを
考えて取り組む 13333 回の授業は教師の力となります。1 万時間を超えて
いても、超えていなくても、日々の 1 コマの授業を大切に取り組んでい
き、一流に一歩ずつ近づいていきたいですね。

CHAPTER 3

「算数科」授業のUD化　実践編

算数科授業の UD 化　実践例の紹介

実践例の紹介について

　授業 UD の考え方、算数科授業の UD 化に続いて、ここからは、実践例を紹介していきます。これも繰り返しですが、あくまでも「授業の UD 化は目の前の授業を共に作っていく子どもの姿」を出発にします。紹介する実践例を目の前の子どもたちの実態に合わせて、アレンジやカスタマイズするための参考としてください。

　4 年生での実践でも、5 年生など他学年で活用できるかもしれませんし、単元や場面がちがっても、アレンジ次第で導入できるでしょう。さらには、他教科でのアイデアとしても利用できるかもしれませんし、UD 化の何らかのヒントになるのではないかと考えています。

UD マインドへのアプローチ枠について

　算数科での実践ですが、『UD マインド』へのアプローチも意識しています。ですから、実践例に『UD マインドの育成の視点』という枠を設け、**教師からの意図と働きかけが見える**ようにしています。

例）

UD マインド育成の視点	子どもの姿・様子	場面	声かけ・アプローチの例
参加・協力	算数が得意な子	挙手して発言した	「上手な説明でわかる子が増えたよ」「喜んでたよ」

4視点6要点について

　実践は授業や子どもたちに必要な手立てや工夫を取り入れることですので、分類は必ずしも必要ではありません。また、同じような手立てや工夫でも、教師が意図したことやねらいが異なるかもしれません。下の表では、実践時に意図していたことに基づいて、重みづけを"◎""○"で表すようにしました。本文と合わせて読んでもらうことで、「だから、この展開につながったのか」「声かけの意図とつながってきた」と、より理解してもらえると考えています。

　さらに、「表のねらいなら、私なら○○する」と考えてもらうことも想定しています。いずれにせよ、明日からの授業で活かすための手立てとして、活用してください。

例）

視点	焦点化	共有化	構築化	視覚化	要点	選択	立場・見方	スモールステップ	積み重ね	スパイラル	得意・上手
意識	○	○		○	意識	◎	◎				○

　取り上げた例は、単元、授業、取り組み、手立てなど、それぞれです。算数科授業のUD化で述べてきたことをより具体的にしています。単元や授業では、**「入り口が狭く、次第に広がっていく」構造**を感じてもらいたいです。また、子どもの言葉や教師の発問や発言を「吹き出し」にしていますが、子どもと教師の割合なども同様に、変容していく様子を見てください。

では、始めましょう！

実践例 1
5 年　整数の性質を調べよう［偶数と奇数］

目標：偶数と奇数を式に表し、その性質を考え、説明することができる。

視点	焦点化	共有化	構築化	視覚化	要点	選択	立場・見方	スモールステップ	積み重ね	スパイラル	得意・上手
意識	○	◎		○	意識	◎	◎		○		◎

教師が種をまき、子どもたちが課題の芽を出させる

　奇数と偶数では、その性質を学んだあとに、『奇数・偶数の計算結果』が奇数・偶数になることを考える練習問題があります。実際に数字で計算するのではなく、例えば、『偶数＋偶数＝偶数』がそれらの性質に基づいて、考えた上で答えられることを目指します。

ノートに書きましょう。" 8 ● 2 ＝偶数 ● 偶数 ＝"

もし、●が "+" だったら、答えは奇数かな？偶数かな？

"10" だから偶数だよ。

じゃあ、同じ"偶数＋偶数"だったら、ちがう数字でも、偶数になるのかな？ペアでいくつかの式をつくって確かめよう。

2 + 4 = …

　ここでは、"8●2＝偶数●偶数＝"と設定し、四則計算の答えが全て"偶数"になるようにしました。統一感を覚える設定は、のちに『ズレ』を生じさせることができます。

　また、ペア活動を取り入れています。取り入れるねらいは、「個人差（ペア差）の縮小」「協力関係の構築」「時間短縮」です。「個人差（ペア差）の縮小」は導入時の理解差を埋める必要があるからです。「今からすることがわからない」と子どもの参加意欲は高まりません。「協力関係の構築」は分担することで、『協力しあっている』と実感することをねらっています。「時間短縮」は確かめることが一定数以上あるとき、必要以上に時間を要してしまうことを避けるためです。

違和感から展開する

数字はいろいろでも、たし算の答えは偶数になるね。

じゃあ、もし、●が"ー""×"だったら、どうかな？ペアで手分けして確かめてみよう。

6 − 2 = 4
偶数！

数字を変えて…
4 × 6 = 24 も偶数！

6 × 2 = 12
偶数！

≪ダウト発言≫
そうか、足し算もひき算もかけ算もわり算も、いつでも答えは偶数なんだね。

そんなことないよ！
だって…

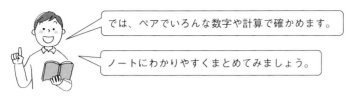

では、ペアでいろんな数字や計算で確かめます。

ノートにわかりやすくまとめてみましょう。

　ここまで、答えが『偶数』だけになることへの違和感について、教師が「ダウト発言」で念を押します。「そうなのかな」「そんなことない」と肯定、否定のどちらであっても検証に入ります。ここでも、ペアでの活動になります。肯定、否定との**2択なので、立場や意見が定まりやすい**です。子どもたちが検証していて「やっぱり」「あれれ」という声が漏れてくると、良い活動になっていると捉えて良いでしょう。

　また、ノートにまとめる活動を入れています。基本的には、「複数の活動を一回にまとめない（＝スモールステップ）」なのですが、ペアで手分けすることを前提にここではまとめています。計算や数学的先読みが得意な子がいれば、情報を整理してまとめることが得意な子もいます。子どもの良さを活かせる場面でもあります。

ペアの2人のノートができあがったら、先生に見せましょう。

できました！

できたペア同士でノートを見せ合って、いいところを参考にしましょう。
調べ方やまとめ方でアドバイスが欲しいペアは、できたペアを呼びましょう。

奇数を「奇」、偶数を「偶」と書くのは、いいね。

計算ごとに表を書いたんだね。整理がうまいね。

表にまとめるアドバイスがほしいなあ。

歩みをそろえて学びを共有する

　ペアでの活動で、それぞれが複数の役割を担う場合、子どもたちは「自分が得意な方」に回りがちです。今回だと、「調べる・考える」または「まとめて書く」のどちらかです。それを共有させる活動が必要になりますので、そこは丁寧に指示します。2人のノートをまとめて、教師が確認します。

　それでも、時間差が生じますので、他のペアと共有したり、協力し合ったりします。友だちの良いところを参考にすることをただ「パクる」としてしまわないように、『授業目標』として、「みんながわかるできるようになることは大切」「良いと思うから、参考にしたり、活かしたりするんだから自信にできるよ」ということを日々、話しておくことが大事です。

　書画カメラなどで、ノート内容を見せられる場合は、全体に紹介します。記号化することや表での整理、丁寧に書いてあるなどの良さを評価し、共有します。全体の場面では、子ども同士の関わりにも触れます。同時に、アドバイスをもらっていた子どもに対してもアプローチをします。

UDマインド育成の視点	子どもの姿・様子	場面や言動	声かけ・アプローチの例
参加・協力	早くにできあがった子	友だちにアドバイスをした	「たくさん呼ばれて、応えていたね。」「みんなが参考にしていたよ。」「ありがとう。」
参加・感謝	アドバイスをもらった子	友だちからのアドバイスを活かしてできた	「遠慮しないでよかったね。」「できてよかったね。」「お礼を言えたね。」「頑張れたね。」

　また、アドバイスによりできるようになった子どもに「誰にアドバイスをもらったの？」「教え方はどうだった？」とアドバイスした子どもへの間接的な声かけもします。感謝の気持ちが子どもから子どもへと直接伝わるとうれしいですが、教師が間に入って伝えたり、子どもから教師へ伝えられた言葉を第三者として耳にしたりすることも、頑張った子どもにとってはうれしいことです。次回への意欲につながっていきます。

誰がアドバイスしてくれたの？

○○さんのアドバイスが上手で、よくわかりました！

よかった！
次も頑張ろう！

＋	奇	偶
奇	偶	奇
偶	奇	偶

－	奇	偶
奇	偶	奇
偶	奇	偶

×	奇	偶
奇	奇	偶
偶	偶	偶

じゃあ、わり算はどうなるんだろう

3つの計算から
予想すると…

では、わり算について
みんなで考えましょう。

あまりは…？

あまりのない場合だけにしましょう。

割る数が**奇数のときから**考えましょう。

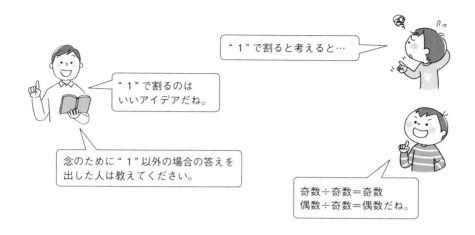

思考の流れと展開に寄り添い、意図的に関わる

　四則計算のうち、3つまでをまとめると、「残りの1つは?」という流れは自然です。ここで表を見返すと、「たし算とひき算」のパターンから、「かけ算」を見て、「わり算」についての予想ができそうです。**予想することは、立場をもつこと**になりますし、確かめる(答え合わせをする)動機になります。

　しかし、活動の進行を子どもたちだけに任せると、学びの本質に近づきにくいことがあります。教師は教材研究や**その場の判断**(私は『瞬発力』と呼んでいます)で整理します。今回では「あまりのない場合に限定する」「"1"以外の場合の答えを出した人は教えてください。」「『割る数』を『奇数』にすることから始める」「わり算用の表になるようアレンジする」「"1"という奇数で割ることを取り上げる」ということです。

　「あまりのない場合に限定する」は表づくりの約束事として、ここに時間をとることは避け、教師がはっきりと言い、明確にしました。

　「"1"以外の場合の答えを出した人は教えてください。」は、「念のため」としていますが、全員が"1"で割ることが良いことでも、必要なことでもありませんし、むしろ、"1"以外の自分で決めた数(奇数)で割ることが大切だからです。"1"が特別な値であってもいけないので、複数の数で確かめることは良いことです。

「『割る数』を『奇数』にすることから始める」は "+" "−" "×" の表との関連から、教材研究の段階で決めています。ここまでは、子どもたちの予測に近い、バランスの良い結果になっているからです。

　「わり算用の表になるようアレンジする」はわり算の表をかけ算の表と比べやすいように、かけ算の表に合わせて、『割る数』『割られる数』を書き足して設定します。表の縦と横を意識することで、見やすく比較しやすくなりました。ここでは、教師が意図した「視覚化」をしていると言えます。

÷ あまりがでない場合		割る数	
		奇	偶
割られる数	奇	奇	
	偶	偶	

÷ あまりがでない場合		割られる数	
		奇	偶
割る数	奇	奇	
	偶		なし

> ↑　左側がかけ算の表と比較しやすく、"割る数＝奇数" から始める。

　「"1" という奇数で割ることを取り上げる」は、そのあとの「偶数÷偶数」に関連してきます。奇数の1例として、"1" で考えることは、**偶数での "2" で考えることや「奇数は "2 ×□ +1」」**につながります。この場面や前の段階で、子どもたちがペアで考えているときに机間巡視をしたり、「つぶやき」を拾い上げたりしておきます。

残りは予想できそうかな？

たし算とひき算、
かけ算とわり算…
だから、きっと…

では、割る数が**偶数になる場合についても**確かめましょう。
まずは、奇数を割ってみよう。

"2"で割ると…

あまりがでるぞ。
"なし（斜線）"だ

奇数を偶数の"2"で割ったら、いつでもあまりが"1"でるね。
奇数ってどんな数だったか、前の時間のまとめを見ましょう。

奇数は、"2×□＋1"で表せる

ここまでのパターンとはちがうね。確かめないといけないなぁ。
偶数÷偶数もみんなで確かめよう。

偶数÷偶数＝偶数だね。

あれ？　そうかな？

そうだよ、4÷2＝2　で、
答えは「偶数」だよ。

でも、6÷2＝3　になるよ。

偶数÷偶数＝"奇数"か"偶数"で、
決まってないんだ！

÷ あまりがでない場合		割る数	
		奇	偶
割られる数	奇	奇	╱
	偶	偶	奇または偶

表にはどう書けばいいかな。

わり算の表だけずいぶんちがうね。

子どもの思考や思いを読み取って展開する

　ここまで、偶数で割る場合に"2"で割ることや商が奇数、偶数と定まらないこと、表への書き入れ方などを子どもたちの声を拾うことで進めることができていました。

　しかし、ある子どもの一言を受けて、思わぬ助言がこぼれました。

わり算の表は他とすごくちがうね。

でも、奇数÷偶数も、『奇または偶』って書いたら他の表に似てくるし、いいじゃない。（斜線箇所）

　他の子どもたちは「？」の表情です。この助言について「瞬発力」で応えようと思いましたが、とっさには反応できませんでした。子どもたちの思考が正しくても表現が十分でなかったり、考えがズレていたりすることで、対応できない場合がどうしても生じます。『奇数÷偶数』はすでに確認を終えているはずでした。ただ、この助言をした子は、算数が好きで、周りも算数を得意にしていると認めている子どもでした。その子どもの理解から、次のように全体へ返しました。

Aさんが言いたいことはわかるかな？
ペアで話してみて。

　Aさんのペアトークを聞きに行くと、ペアの子に一生懸命に説明しています。その子は**「表をすっきりとさせたい」**という思いを強くもっていたようでした。

表が他とちがうのをすっきりさせたいんだから…

あまりは考えずに、商だけみるでしょ。すると、奇数か偶数になるよね。

　ここでAさんの言いたいことがわかりました。授業前に、「あまりを出すのか」「割り切るのか」などについて取り扱うと、時間を要したり、煩雑になったりするだろうと、教師が決めることにし、シンプルにしたつもりでした。【P.34】　しかし、Aさんは「表をスッキリするには、あまりを気にせずに、商だけを見てみると、"$9 \div 2 = 4$　あまり1""$11 \div 2 = 5$　あまり1"などと、奇数または偶数のどちらになることもある。だから、**『奇または偶』って書いたらいい**、と言っていたのです。

　Aさんのペアの子は気持ちと考えを理解しました。他のペアからも「もしかしたら」とか「…を考えないとしたら」という声が聞かれました。改めて、Aさんがみんなの前に出て説明をすると、みんなに気持ちと考えが伝わったようでした。結局、全体で相談の後、表は次のようになりました。

÷		割る数	
		奇	偶
割られる数	奇	奇	奇または偶 （あまりあり）
	偶	偶	奇または偶

今回のように、子どもの気持ちや思い入れが全体にとって、より良く学ぶ機会になる時ばかりではありません。そのためにも、一旦、ペアに投げかけたり、ほぐしたりする段階をもつことは大切です。例えば、こだわりが強い子で、理解が少しずれてしまっていた場合に、すぐに前や全体で話をさせると、その子がしんどくなったり、周りとの関係がぎくしゃくしたりすることがあります。その子の状況や周りとの関係、授業時間などを総合的に考慮して、変更する場合は数学的に問題がないかを判断することが求められるので、普段の授業から「瞬発力」を磨いておきたいものです。

　授業後、表づくりにこだわりがあったAさんに声をかけました。

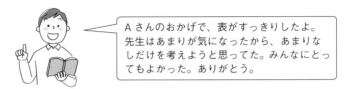

Aさんのおかげで、表がすっきりしたよ。先生はあまりが気になったから、あまりなしだけを考えようと思ってた。みんなにとってもよかった。ありがとう。

　Aさんは、何も言わずに照れ臭そうに数回うなずいて、遊びに行きました。

ゲーム性の導入について

　この授業のあとには、ゲーム性を伴った演習で学習したことを伸ばす活動を行いました。一単位時間で行う場合には、山場で本時の中心内容について学んだことを活かすゲーム活動になります。

　活動にゲーム性を取り入れるときには、注意している点が3つあります。

①差が大きくなりすぎないこと

②思考することがプラスに働くこと

③偶然性を伴っていること

　①は差が大きくなりすぎると、参加意欲が減じてしまい、盛り上がりも欠けます。特に、算数的資質による差がそのまま出てしまうと、算数が苦手な子どもは面白くありません。ルール面で教師が調整することが必要です。ルール自体は子どもたちと進めながら、マイナーチェンジをしていくことが良いです。ゲーム自体を子どもたちが作り、楽しむことがより良い参加意欲につながるか

らです。

　②思考は活動の根本ですので欠かせませんし、思考することがゲームの勝負にプラスに働くべきです。学習したことを活かした思考がベストです。ゲーム性にある「有利」「得になる」「可能性が高い」を目指して思考が重ねられ、そこから子どもたちが再認識したり、気が付いたりできることをねらいます。

　③授業で行うゲーム活動なので、知識や思考に重きがあります。しかし、ある程度の偶然性が含まれることで、算数が得意な子が必ずしも有利ではなくなり、子どもたちの参加意欲が高まります。

　しっかり考えていて、偶然性が原因で勝てなかったとしても、「よく考えていたのは、みんなわかってたよ。今日は運がなかっただけだね。惜しいなあ。」と認めることができます。逆に、偶然性に助けられて勝てた子どもたちは、『勝てた』『楽しめた』という印が学習の定着にプラスに働きます。

奇数 or 偶数　ゲーム

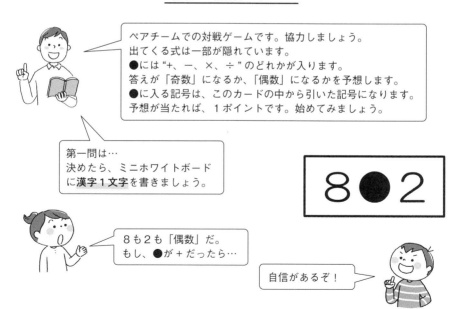

ペアチームでの対戦ゲームです。協力しましょう。
出てくる式は一部が隠れています。
●には "＋、ー、×、÷" のどれかが入ります。
答えが「奇数」になるか、「偶数」になるかを予想します。
●に入る記号は、このカードの中から引いた記号になります。
予想が当たれば、1ポイントです。始めてみましょう。

第一問は…
決めたら、ミニホワイトボードに漢字1文字を書きましょう。

8 ● 2

8も2も「偶数」だ。
もし、●が＋だったら…

自信があるぞ！

書けましたね。
一斉に見せましょう。
みんな「偶」だね。
Aさん、どうして？

もし、●が…
「偶」にしかならな
いぞ。

では、教卓に伏せて
あるカードを一人に
引いてもらおう。

×！

やった！

　説明は簡潔にして、１度目は全員が進め方と考え方を確認する問題にします。この場合、どの式になっても「偶数」になるので、練習にはぴったりです。「できそう」「次の問題も答えるぞ」という気持ちを抱かせることが大事です。カードをめくりにくる子は出席番号や日付でランダムに決めました。

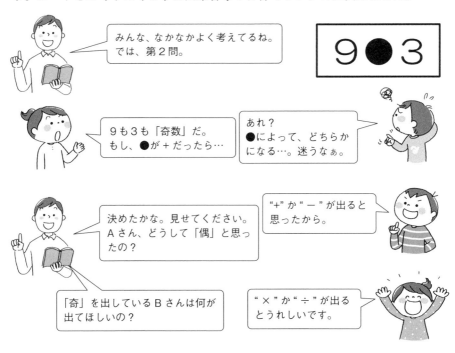

みんな、なかなかよく考えてるね。
では、第２問。

9●3

9も3も「奇数」だ。
もし、●が＋だったら…

あれ？
●によって、どちらか
になる…。迷うなぁ。

決めたかな。見せてください。
Aさん、どうして「偶」と思っ
たの？

"＋"か"－"が出ると
思ったから。

「奇」を出しているBさんは何が
出てほしいの？

"×"か"÷"が出る
とうれしいです。

ここでは、**出している予想と思考をつなげて問います。**当てものゲームにしないためです。「何が出たらうれしいかな？」「どうして、決めたのかな？」などと問うことで、予想での思考過程を知ることができます。むしろ、思考と予想結果が異なっているときに、「だったら、○じゃないかな」と整合性を見直す場面にすることに意味があります。

　先ほどとはちがい、●が"＋""－"なら偶数、"×""÷"なら奇数と、カードによって結果が異なります。ここが不確定要素です。大切なことは問題に応じて思考することですが、カードを引くことになった子どもに応援や依頼の声かけが出ます。ここでも、前に出てきて引く直前の子どもに「何が出るといいんだっけ？」と確認をします。そして、引かせます。

　このプロセスを繰り返していきますが、あえて、次のように出題しました。

　準備段階では、わり算表の一部が"空欄想定"でしたので、"偶数÷奇数"は出題せず、わり算は"偶数÷偶数"だけの出題を想定していました。

"＋""－""×"なら
偶数になるね。
有利なのは…。

もし、"÷"なら…。
チャンスあるかも。
チャレンジしようかな。

　時間を見て、最後は 6●6 で予想し、**"0"が偶数であること**について確認をしてから、カードをめくりました。

　常に、子どもたちと会話をしながら、状況を共有します。それぞれの立場があり、友だちの状況も結果に関わってくるので、互いに関心をもっています。どちらの結果になっても、子どもたちと一緒に盛り上がりました。

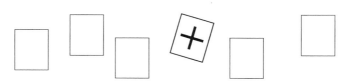

実践例2
5年　面積の求め方を考えよう
［四角形と三角形の面積］

　単元目標：四角形や三角形の面積の求め方を理解し、図形の構成要素に求め方を考える力を養うとともに、四角形や三角形の面積の求め方を数学的表現を用いて考えた過程を振り返り、多面的に粘り強く考えたり、今後の生活や学習に活用しようとしたりする態度を養う。

長さ、面積、体積とつながる考え方

　この実践では、単元全体を捉えなおしていきます。まずは、算数科の系統性をもとに、面積の学習について確かめておきます。

　面積の学習は4年生で長方形、正方形について学びます。5年生では三角形、四角形（平行四辺形、台形、ひし形）、6年生で概形、円とそれぞれの面積について学習します。学年をまたいで学習を進めるので、**既習学習を活かす**と同時に、既習学習内容がしっかりと身に付いているかを確かめ、不十分な場合はケアしていくことも大切です。**授業UDでの「積み重ね」「スパイラル」にあたる要点です。**

　5年生の段階では、ほとんどの子どもが「長方形の面積の求め方は？」と尋ねると、すかさず「縦×横」と答えます。そこで、「長方形の面積の考え方は？」と聞くと、「縦の長さと横の長さをかける」と答えます。確かに、『長方形の求積計算』としては、公式通りです。しかし、1年生から続く「長さ、広さ（面積）、かさ（体積）」の学習で大事にしたいのは**『1単位量のいくつ分か』**という考え方で、6年間の**「量と測定」の学びの深いところに流れている見方**で、最終的に「メートル法」でまとめます。

5 cm は、1 cm（基本の単位量）の 5 つ分の長さ：1 m、1 km

7 ㎠は、1 ㎠（基本の単位量）の 7 つ分の広さ：1 ㎡、1 ㎢、1a、1 ha

8 ㎤は、1 ㎤（基本の単位量）の 8 つ分のかさ：1 ㎥

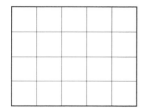

縦 4 cm…1 ㎠の正方形が 4 枚並ぶ分の長さ
横 5 cm…1 ㎠の正方形が 5 枚並ぶ分の長さ
1 ㎠が縦に 4 枚、横に 5 枚で、4 × 5 ＝ 20
1 ㎠が 20 枚なので、20㎠

　長さの計算に関して、「長さ同士は足したり、引いたりできる」「長さのいくつ分かの値や数値はかけたり、割ったりできる」ことを自然に経験し学習しますが、実際は『基本となる単位量』をまとまりとして計算しているという見方にはあまり触れる時間が取りにくいので、ですから、異なる単位で示された数値を計算できない理由の説明などで意図的に触れます。これらの見方については、面積、体積も同様にスパイラルで取り上げていきます。

2m の青い紙テープに 60cm の赤い紙テープをつなぎました。

できたテープの長さを答えましょう。

2 +60 ＝ 62
62cm かな。

気を付けて。
単位はそろえて計算するんだよ。

どうしてかな。
理由を学年が下の子に説明できるかな。

単元目標から焦点化と構築化を図る

「新しい算数」（東京書籍）を参考に、単元目標を焦点化し、10 コマの単元構成（指導書の計画案では 11 コマ）を構築化していきます。

○面積の求め方を理解し、考える力を養って、過程を振り返って、活用する

○キーワード：**図形の構成要素、数学的表現、多面的、活用**

	「わかる・できる」こと	中心活動	キーワード
1	導入・review	既習学習の確認（図形・求積）	構成要素
2	平行四辺形の求積	前時求積を活かす（全体）	多面的
3	三角形の求積	前時求積を活かす（全体）	多面的
4	高さと面積の関係	高さの内外について	構成要素
5	底辺と面積の関係	底辺一定の面積比較	数学的表現
6	台形の求積	既習求積を活かす（グループ）	多面的
7	ひし形の求積方法	既習求積を活かす（個人）	多面的
8	求積方法の整理	四角形の求積をまとめる	数学的表現
9	練習問題	練習問題に取り組む	振り返り
10	活用問題　まとめ	活用問題に取り組む　まとめ	活用 振り返り

　まず、『キーワード』を選び抜きます。そこを意識しながら『「わかる・できる」こと』を整理します。そして各授業の中心活動（山場）を考えていきます。

　「キーワード」⇒「わかる・できる」こと⇒中心活動

単元内の授業について
〈第1時〉導入・review　パターン①

　単元1時間目については、2つの事例を紹介します。1時間目は子どもたちにとって「新しい学習との出会い」であり、単元学習への気持ちを調える時間です。**子どもたちに「できそう」「面白そう」「難しくないかも」という思いを抱かせたいです。**

　教師にとっては「これまでの学習とのつなぎ」として、レディネスを見とりながらこれまでの学習を思い出させておく時間です。教科書では様々な工夫をされていますが、自分なりに「目の前の子どもたちに合った」導入を工夫したいです。

視点	焦点化	共有化	構築化	視覚化	要点	選択	立場・見方	スモールステップ	積み重ね	スパイラル	得意・上手
意識	○		○	○	意識	○	◎		◎	◎	

　導入を兼ねて、2点について振り返り（review）を行います。単元はじめなので、図形に関して苦手意識がある子がスムーズに入っていけるように意識します。

　1点目は、三角形、平行四辺形、台形、ひし形という図形についてです。構成要素に着目して、整理していきます。用語についてもきちんと確認します。特に『高さ』と底辺との関係については、成す角度が直角（90度）であることを取り上げます。

　2点目は、求積についてです。長方形、正方形の求積について、マス目や1㎠をもとに確認していきます。取り上げる図形は、4年生で学習した複合図形です。この図形を取り

上げる理由は、

(1)マス目に対応していること

(2)面積を分割して考えること

(3)面積を移動して考えること

(4)ない部分をあるとして考えること

(5)同じ形をあるとして半分で考えること　などがあります。

　子どもたちが1年前の学習を思い出すだけでなく、面積の取り扱いについて共通理解することが大事です。(1)からは、1㎠が何枚かで面積を表すこと　(2)からは分けて考えて良いこと　(3)からは移動させて考えて良いこと　(4)ない部分をあるとしておき、後で不要な部分を除いて考えて良いこと　(5)複数に増やして、後で1つ分にすると考えて良いこと、です。「考えても良い」ということが、子どもたちにとって『選択可能』であるということを印象づけるようにします。

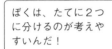

ぼくは、たてに2つに分けるのが考えやすいんだ！

ぼくは、ないところをあるとして計算して、後で引き方が得意だよ。

単元内の授業について
〈第1時〉導入・review　パターン②

　導入の授業例をもう一例、取り上げます。たて3cm、横4cmの長方形の紙を子どもたちに1枚ずつ配ります。

視点	焦点化	共有化	構築化	視覚化	要点	選択	立場・見方	スモールステップ	積み重ね	スパイラル	得意・上手
意識		○	○	◎	意識		◎	○	◎	◎	○

　少しずつ尋ねては、確認しながら板書していきます。子どもたちは長方形に

ついての振り返りなので、余裕をもって取り組めます。面積が１㎠の正方形の
いくつ分であるか、というのが基本の考え方であることを取り上げておきま
す。

この形は…。この長方形の面積は求められるかな？
たて×横…。12㎠だね。対角線は覚えているかな？
長方形には対角線は何本あるかな？
そのうち、１本を書き入れましょう。

対角線って何だったかな？対角線を書いて、切り分けましょう。

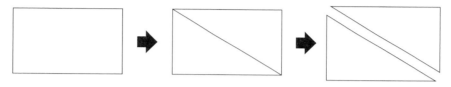

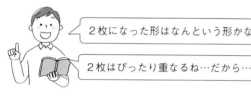

２枚になった形はなんという形かな。

直角三角形です。

２枚はぴったり重なるね…だから…

２枚は合同だね。

振り返ったり、思い出させたりしながら、子どもたちと一緒に進めます。も
し、習得に危うさが見られるようなら、少し時間を割き、ペア活動などを活用
して確かめます。

では、直角三角形１枚
の面積はわかるかな？

三角形の面積の求め方は
習ってないけど、長方形
の面積が 12㎠ だから…。

そうだね。面積は分けて考えても良かったね。
直角三角形の面積は、長方形の面積の半分で６㎠です。

三角形の面積を求める公式で考えることがいるかもしれませんが、ここで
は、長方形の面積をもとに考えることを大事にして、面積は「分けて考えても
良い」ことを確かめます。ここで、一旦、板書してノートに書き込みます。

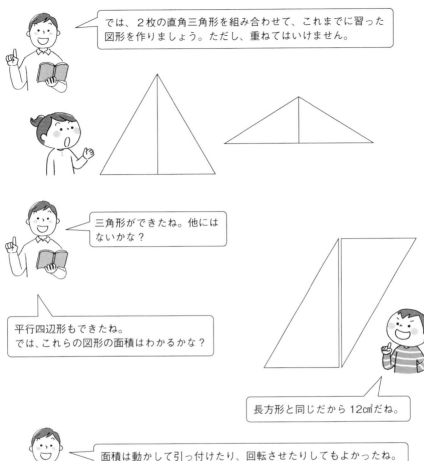

では、2枚の直角三角形を組み合わせて、これまでに習った図形を作りましょう。ただし、重ねてはいけません。

三角形ができたね。他にはないかな？

平行四辺形もできたね。
では、これらの図形の面積はわかるかな？

長方形と同じだから12㎠だね。

面積は動かして引っ付けたり、回転させたりしてもよかったね。求め方を知っている長方形の面積から考えることができました。

　再度、ノートにまとめる時間を取ります。前回のノートとの系統性がもてたり、パターンになったりするような書き方を意識します。

今度はペアで考えます。2人分の合計4枚の直角三角形で、これまでに習った図形を作りましょう。見つけたら、ノートに描いておきましょう。

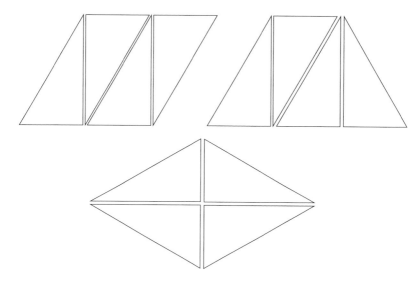

机間巡視をして、子どもたちの活動の様子を確かめます。台形、ひし形が新たに出てくれば、全体でまとめます。

いろいろな図形を見つけることができたね。4枚でできた図形の面積は全部同じで…24㎠になっています。いろいろな図形の面積は、これまでに学んだ図形から考えていくと求められそうです。これからは、新しい面積の学習をしていきます。

それぞれにちがいやズレがあるので、板書を中心にノートにまとめます。時間が余れば、平行四辺形、台形、ひし形について、構成要素、特徴を振り返ります。このノートのページは単元終わりに振り返りやまとめで使います。

UDマインド 育成の視点	子どもの 姿・様子	場面	声かけ・アプローチの例
参加・協力	仲良く活動している。	ペアで図形づくりをする。	「協力できているね。」「これは誰の考えかな。」「よく見つけたね。」「待ってあげているね。」
参加・意欲	自分の考えを言える。	クラスの学びのために発表や発言する。	「よく覚えているね。」「みんなへの良いヒントです。」「わかりやすい説明だね。」

単元内の授業について
〈第2時〉平行四辺形の求積

視点	焦点化	共有化	構築化	視覚化	要点	選択	立場・見方	スモールステップ	積み重ね	スパイラル	得意・上手
意識	○	○		○	意識	○	◎	◎	◎	○	

ノートなどで、**前時の導入・review を積み重ねてスタートします。**

平行四辺形の図形を見せて、「4年生で習った方法を使って、面積の求め方を考えてみましょう」と、すぐに中心活動に入ります。ワークシートとして、掲示した平行四辺形のB6シート（B5ノートに2枚を貼ってもはみ出ないサイズにカット）を人数×4～5枚ほど用意しておき、まずは1枚を配ります。ここでは、数値は書きこんでいません。まずは『**考え方に焦点化**』するために、**スモールステップにしています。**

では、ペアで相談して、いろいろな求め方を考えましょう。線を引いたり、矢印を描いたり、色を塗ったりしましょう。2人で先生の所に持ってきて「OK」なら、次のシートをもらい、ノートに貼りましょう。

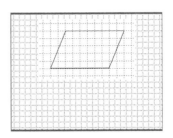

こちらに持ってきたときには、「前時のどの求め方か」を尋ね、それぞれの求め方をしている子どもを選んでおき、**どの立場・見方をしているかを子どもに確認します。**そして、図形があまり得意でない子ができていたら「なるほど。うまくできているね。あとでみんなに紹介してね。」と声をかけておきます。ペアで考えた上に、教師からマルをもらっているので、全体の前でも自信をもって発表できます。

子どもの状況に合わせて活動を区切ります。子どもたちにそれぞれ発表させます。シートは自由に持って行けるようにしておき、自分では見つけていなかった考え方を書きこみます。

　この段階で1マスが1㎠であることを確認して、計算に移ります。今回、指名された子どもたちが前面の掲示物ごとに様々な計算方法を書いていきます。全体で話をして『一番の計算しやすさ』から"底辺×高さ"を共有します。改めて、底辺を決めてから直角（垂直）をもとにして「高さ」が決まることを確認します。底辺と高さを固定し、カラーリングすることも理解を進める手立てになります。あえて長方形を取り上げて、たてと横、底辺と高さの関係を見ることで理解しやすくなる子どもはいるでしょう。

　練習問題では、高さの設定を意識しやすいものを中心に選びます。

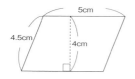 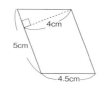

　授業終わりに教師が意識しておきたいことは、子どもたちが「これまでのことを使えば、5年生になって新たに出てきた課題（平行四辺形の求積）ができた」「**次の時間もできそう**」と思えているか、ということです。

UDマインド育成の視点	子どもの姿・様子	場面	声かけ・アプローチの例
参加・意欲	学習に意欲を見せている。	授業中授業後	「よくわかっているから大丈夫だよ。」「次も今日みたいにできるよ。」「しっかり高さを見つけていたね。」

単元内の授業について
〈第3時〉三角形の求積

視点	焦点化	共有化	構築化	視覚化	要点	選択	立場・見方	スモールステップ	積み重ね	スパイラル	得意・上手
意識	◎	◎	○	○	意識		◎	○	◎		○

　前時に平行四辺形の求積方法を考えました。子どもたちのノートなどから、主な方法を提示することで、前時と本時をつなぎます。

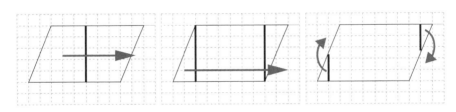

面積を切って移動する方法が多かったね。
面積を求めるためには他にどんな方法があったかな？

2倍にする方法！

あるとする方法！

今日はどの方法を使って考えるといいかな。

右の長方形の面積は求められそうだね。
マス目の一辺は1㎝です。

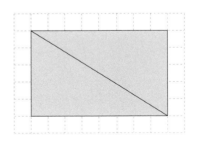

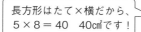
長方形はたて×横だから、
5×8＝40　40㎠です！

簡単だよ。

そうだね。では、この長方形の1本の対角線
で分けると、**どうなるかな？**

三角形が2つ
できる

前にノートに書いたね。

直角三角形だ。

同じ形だよ！

同じ大きさ。

　ここでの発問は、比較的簡単な長方形の面積を問うた後の「どうなるかな」
と焦点化されていません。この授業では、振り返り、平易な問いが多く、さら
に、視覚的に捉える内容ですので、多様で様々な声を聞くことができます。

なるほど。まだ、三角形の面積
は学習していないけれど、この
青い直角三角形の面積は予想で
きるかな？ペアで相談しましょ
う。

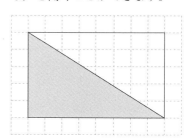

もとの長方形の
半分だから…。

長方形の面積は40㎠。
40÷2＝20　20㎠だ。

直角三角形の面積を求められたね。
では、次の直角三角形の面積を求める
には、どの長さがわかればいいかな。
ペアで相談して、理由も考えましょう。

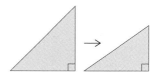

三角形の面積を求める授業ですが、**ここまでは「直角三角形」に絞っています。『焦点化』です。** 三角形の中でも特別な直角三角形で、「長方形や正方形にして考える」「同じ直角三角形を2つ想定する」という考え方を確かなものにします。

　長さが書きこまれて面積を求めるのではなく、「わかれば面積が求められる長さ」を考えます。**この課題では、場所だけでなく、『どうしてその長さが必要か』という理由を考え、ペアで相談することで、面積の求め方のプロセスと選んだ理由を『共有』します。** 子どもの実態に合わせて、図形は**直角二等辺三角形**を用意し、正方形が想起できるようにします。

2つを並べて四角形にするので、こことここだね。

直角の…。
同じ長さなんだ。

長方形（正方形）
ができる。

[正方形の場合] 2つの辺の長さは6cmです。
この直角（二等辺）三角形の面積を求めましょう。

　ここで、これまでの学習を振り返って、ノートにまとめます。

直角三角形の面積は求められるようになりました。
よかったですね。
では、それ以外の（普通の）三角形の面積は、
『同じ考え方で求められるかな。求められないかな。』
みんなはどちらの予想ですか。
どちらかに手を挙げましょう。

　子どもたちはそれぞれの予想（立場）をもって、考え始めます。同じ三角形でない方が良いので、ノートに**それぞれが直角三角形以外の三角形を描いて**進めます。

　『求められる』 とする子は、2枚を組み合わせたり、四角形を作ったりして考えます。**『求められない』** とする子は、できないと思いつつも同じ方法で考えるか、別の方法で考えていくことになります。ここでも「考え方」を思考するので、式（公式）だけを書いている子には「考え方を図にしてごらん」と声をかけ、その点以外は子どもたちの自由試行の時間になります。

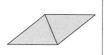

２枚にして、
平行四辺形を
作ったよ。できそうだね。

２つの直角三角形になるように
分けられたよ。
１つひとつを求めて足すよ。
分ける考えだね

「あるとして考える」方法で
長方形を作ったけれど…。
ここからできるかな？

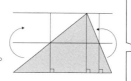

平行四辺形で両端の三角形を
移動して、長方形を作ったので、
三角形でも同じようにしてみるよ。

　それぞれの考えを紹介し合います。そのときには「いいアイデアを探そう」
をめあてにしておきます。子どもたちの活動を支えながら進めます。『構築化』
を意識し、前時と同じ流れにしておきます。（パターン化）

いいアイデアは見つかったかな。
では、次の三角形の面積を
自分なりの方法で求めましょう。
求めるために必要な辺の長さはどこですか。

子どもたちとの対話で、底辺と高さを指示します。それぞれが解き終わったら、三角形の回転性と底辺、高さについて触れます。

みんなで面積を求めた三角形は3つの見方ができるね。
1つの辺を"底辺（下）"に見るように回転しました。

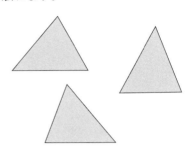

その辺を使うとすると、必要なもう1つ長さが変わるよね。ペアで確かめて…。

面積の計算に使う1つの辺を『底辺』と呼びます。その『底辺』と垂直に交わるように頂点まで伸ばした線の長さが『高さ』です。
だから、『底辺』を決めると『高さ』が決まります。

だから、みんなの求め方をまとめると、
三角形の面積は『底辺』×『高さ』÷2で求められる、と言えるね。

『高さ』×『底辺』÷2　じゃないんだ。
底辺から垂直の高さを見つけないとね。

三角形の面積の公式として、まとめます。

まとめ方は平行四辺形と合わせておきます。

UDマインドに関しての手立ては、平行四辺形、三角形の面積ともに似ています。『構築化』を進めているからです。活動内容や展開がパターン化されると、UDマインドについても、積み重ねていくことになります。

UDマインド育成の視点	子どもの姿・様子	場面	声かけ・アプローチの例
参加・賞賛	友だちの考えを認める。	友だちへの温かい声かけができている。	「説明をよく聞いているね。」「みんなが参考にしていたよ。」「優しいアドバイスだね。」
参加・意欲	自分の考えを言える。	クラスの学びのために発表や発言する。	「貴重な考えです。」「助けてあげられたね。」「考えをつなげているね。」「次も期待するよ。」

単元内の授業について
〈第4時〉高さと面積の関係

視点	焦点化	共有化	構築化	視覚化	要点	選択	立場・見方	スモールステップ	積み重ね	スパイラル	得意・上手
意識	○	◎	○	○	意識	◎	○		◎		○

　単元構成を見直しています。ここで高さと面積の関係について、平行四辺形と三角形を同時に扱います。いずれの面積を考えるときにも、**「どの長さがわかれば良いでしょう」** という問いを繰り返してきました。再度、ここでも同じ問いから考えていきます。1つの辺の長さを示すことで「焦点化」を図ります。

　また、先に三角形から考えていきます。子どもたちの中には、1つの辺を底辺とした場合、向かい合う頂点が『点』であるので、底辺からその点（頂点）までの**最短距離が「高さ」になるとイメージしやすい子もいる**と考えるからです。そのイメージは、家の高さやどの子も一年に何度か経験する『身長の計測』です。

面積を求めるためには、どこの長さがわかればいいですか。

これまでは、あの質問にどんな風に考えていたかな。

ノートを見てみよう。

納得感を高めた後、高さを全員で確かめます。計算の仕方も思い出せるように、全体で行います。続いて、平行四辺形も同様に、発問し、個人解決を行います。

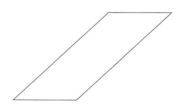

　演習問題はペアでの活動で行います。プリントの長さが記入されていない図形だけの三角形と平行四辺形です。それぞれがどこを底辺にするかを相談し、選択します。印刷物になるので、若干の誤差は出ますが、互いに測りなおしたり計算したりして、求め方や考え方を優先にペアで確かめます。

必要な長さを自分で2か所だけ測って、面積を求めます。
ただし、「底辺はそれぞれちがう辺」を選びます。

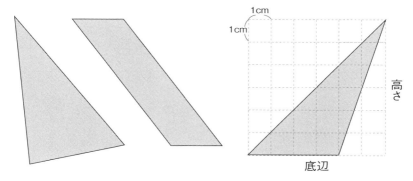

ペアの活動が終わったら、プリントを貼ったノートで確認します。次は、問題づくりの活動になります。ペア→全体（自由選択）へと共有を進めます。

> 友だちのノートに、三角形を描きます。友だちに面積を求めてもらいます。できたら、描いた人がその下に面積を求めて、答え合わせをします。式や必要な長さは書いたままにしておきます。

全体での活動から、ペア活動①、ペア活動②へと活動の自由度を高めています。同じペアでなくても、教室を自由に動いてパートナーを探しても良いでしょう。計算が苦手な子が授業の流れに乗りやすいように、「答え合わせ用」として計算機を用意しておきます。個別の配慮としてもいいです。

UDマインドに関しては、ペアの相手が苦手にしている様子を受けて、難しいほうを選んでいる姿や意欲的にたくさんの友だちとペアを組んで活動する姿を認めます。

UDマインド 育成の視点	子どもの 姿・様子	場面	声かけ・アプローチの例
参加・意欲	たくさんの子と関わっている。	自由にペアをつくって活動する。	「たくさんの友だちと問題を出し合っていたね」
参加・協力	自分ができることを活かす。	自分と友だちの協力の質を意識する。	「難しいほうの底辺を選んであげたんだ、優しい！」「チームワークがいいね。」

単元内の授業について
〈第5時〉底辺と面積の関係

視点	焦点化	共有化	構築化	視覚化	要点	選択	立場・見方	スモールステップ	積み重ね	スパイラル	得意・上手
意識	○	◎	○		意識	○		○	◎		○

　本時では、子どもたちがこの単元で学んだことを振り返るとともに、3つのめあてをもって取り組みます。

> (1)三角形の底辺の長さを一定にして高さを変えたとき、面積は高さに比例することを理解する。
> (2)三角形の高さを○cm、面積を△㎠として面積を求める式を考える。
> (3)どんな形の三角形でも、底辺の長さと高さが等しければ、面積は等しくなることを理解する。

　三角形の面積を考えたときと同様に、『直角三角形』を例に挙げて考えていきます。

色のついた直角三角形の面積を求めます。どの長さがわかれば求められますか。

もう大丈夫。高さが分かれば、底辺×高さ÷2で求められます。

4cm

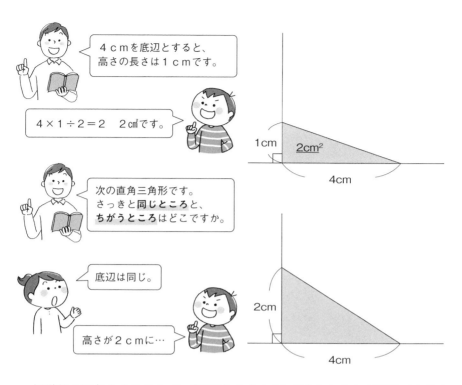

4cmを底辺とすると、高さの長さは1cmです。

4×1÷2＝2　2cm²です。

次の直角三角形です。さっきと**同じところ**と、**ちがうところ**はどこですか。

底辺は同じ。

高さが2cmに…

1cm
2cm²
4cm

2cm
4cm

　視覚的な配色をすることで、「同じところ」「ちがうところ」が意識できるように発問することが大事です。**教師が「見ればわかる」と考えるところも、子どもによっては何となく見過ごしてしまうことがある**からです。高さに意識が向くように流れを作っています。

面積は何cm²ですか。

次は**どんな三角形が出てくる**と思いますか。

4×2÷2＝4　4cm²です。

高さだけが増えているね。きっと…。

　ここまで、「何をめあてに考えるか」については、共有していません。三角形の面積を求めてきただけです。ここまでの展開から次を考えます。「さらに」「もし」などの展開や類推、仮定などの思考は算数科で必要ですし、算数科で伸ばしたい力です。

子どもたちと対話しながら、ノートにまとめます。

三角形の面積 | 底辺が同じなら… | 底辺×高さ÷2
底辺×高さ÷2
　　4×1÷2＝2　　・高さが増えると、面積も増える
　　4×2÷2＝4　　・高さが2倍になると、面積も2倍になる
　　4×3÷2＝6　　・高さが3倍になると、面積も3倍になる
　　　　：　　　　・高さが□倍になると、面積も□倍になる
　　　　　　　⇒　4×○÷2＝△
　　　　　　　○…三角形の高さ　△…三角形の面積
★三角形の底辺が同じなら、高さと面積は比例する
　　（一定）

「比例」は
これまで
に学習し
たね。

★のまとめの言葉は、子どもたちに完成させたいので、始めは太字部分を下線のみにしておきます。

★三角形の底辺が＿＿＿　＿＿＿なら、＿＿＿＿と　＿＿＿は＿＿＿＿する
　　　　　　　　（　　　　　）

＿＿＿（波線）は「漢字」、＿＿＿（下線）は「ひらがな」と共通理解して進めておきます。一度にすべての子どもがわかりにくい場合は、わかった子どもにヒントを求めて、部分を埋めていきます。「やっぱり」「あ、わかった」など、子どもたちは自分の段階に応じて取り組みます。教科を問わず、同じ方法をパター

ン化にしておくと、自然と子どもたちはそこまでの学習から考えるようになり、安心・安定につながります。

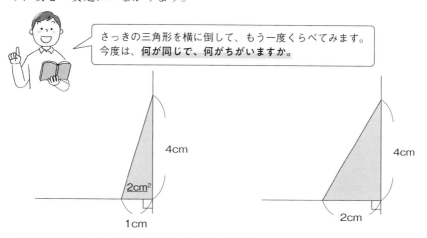

さっきの三角形を横に倒して、もう一度くらべてみます。今度は、**何が同じで、何がちがいますか。**

先ほどと同じく、**「同じ」「ちがう」が意識できるように発問**します。子どもたちからの発表を受けて、「高さが同じ（長さが等しい）」「底辺の長さが違う」を確認します。その後、黄色の三角形を緑色の三角形に重ねます。

子どもたちと対話しながら、わかる長さを書き込んでいきます。

斜線の三角形の面積はわかりますか。

$4 - 2 = 2$　$2cm^2$だ。

前時のノートを振り返って、同じ面積になることをペアで説明し合いましょう。

前時で三角形内に高さが入っていない場合の求積を学習しています。ノートで振り返りながら、2つの三角形の面積が等しくなることを確認し合います。机間巡視の様子で、ペアで話したことを全体共有することを考えます。

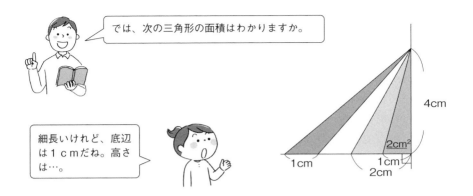

この後、平行な2本の線を用意し、底辺の長さを固定します。向き合う頂点を設定することで、面積が等しい三角形を複数描く活動を行います。

例）

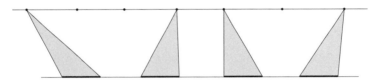

★どんな形の三角形でも、＿＿＿＿＿の長さと＿＿＿＿＿＿＿＿が等しければ、
　　＿＿＿＿＿は等しくなる

UDマインド育成の視点	子どもの姿・様子	場面	声かけ・アプローチの例
参加・協力	積極的に活動する。	ペアで活動する。	「前の学習を活かしているね。」「このペアの取り組みはきちんとしてるなあ。」「活動のスピードを合わせているのがいいな。」
参加・意欲	積極的に発言する。	全体の場で発言する。	「よく気が付いたね。」「上手な説明です。」「いいキーワードが入っていたよ。どれだかわかる人？」

単元内の授業について
〈第6時〉台形の求積

視点	焦点化	共有化	構築化	視覚化	要点	選択	立場・見方	スモールステップ	積み重ね	スパイラル	得意・上手
意識	○	◎	◎	○	意識	○	○	○	○		○

　導入では、台形の特徴を構成要素に着目して確認していきます。意外と**「上に物が置ける『台』の形」**というイメージがない場合があるので、ここも押さえておきます。

　また、面積を求めるときに用いてきた**「分ける」「動かす」「あるとする」「同じ形を考える」**を振り返り、長方形、正方形、平行四辺形、平行四辺形の求積についてノートをもとに確認します。

　班（グループ）ごとに、6種類のワークシート（B5やや小さめ）を配ります。ワークシートには、台形の図と、考え方タイプ、考え方・方法（言葉）、式と答えの各欄を設けています。

　グループで、誰がどの「考え方タイプ」を担当するのかを構成する子どもに合わせて、相談して決めます。最終的には、グループで協力して、5つ以上の考え方を共有します。

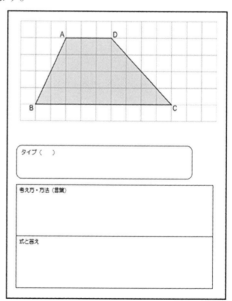

〈台形の面積：考え方タイプ〉

①切り取って1つの平行四辺形にして考える

②同じ台形をあるとして、1つの平行四辺形にして考える

③2つの三角形にして考える

④2つの三角形と1つの長方形にして考える

⑤1つの平行四辺形と1つの三角形にして考える

⑥空欄（考え方タイプを記入）

①〜⑤以外の考えは⑥のシートに書きこむよ。

　話し合いの中で、「この方法ならできそうだ」「どれでもいいよ」など、バランスを意識しながら考え方を相談したり、アドバイスし合ったりして取り組みます。⑥には、「小さい2つの三角形を切り取って、長方形にして考える」「1つの三角形をあるとして平行四辺形にして考える」などのアイデアを書き込みます。5つ以上できたグループは⑥のシートで多様に考えていきます。

　まとめワークシート（B4やや小さめ）を配布します。グループで考えたものから、それぞれが5つを選んで、担当した子の名前、図、式を書き込みます。個別シートはグループ内で回し合います。全員が書けたら、自分が担当したシート（B5）とまとめシート（B4）はそれぞれのノートに貼ります。

　全体でのまとめの場面では、この場合、多様な求め方を見いだせたことを認めた上で、シンプルな計算方法を検討していきます。検討についても、**それぞれの良さや類似性を認めつつ**、「②同じ台形をあるとして、1つの平行四辺形にして考える」を取り上げることから、『**台形の面積＝（上底＋下底）×高さ÷2**』の式で求められることを確かめます。それらはまとめシートの右下に記述します。

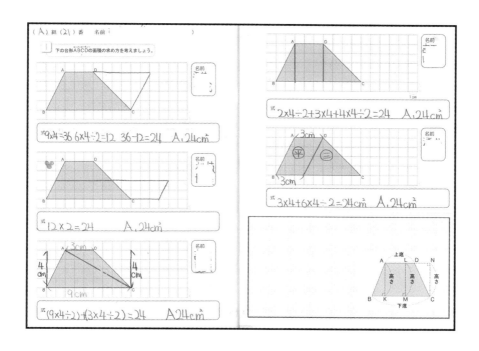

UDマインド 育成の視点	子どもの 姿・様子	場面	声かけ・アプローチの例
参加・協力	友だちのことを考えて取り組む。	考え方の担当を相談する。	「優先に考えてあげてるね。」「気持ちを聞いてあげるのはいいね。」「もう決まったの。」
参加・意欲	面積の求め方を考える。	多様な方法を考える。	「たくさん見つけたね。」「なるほど。」「これまでの考えを使っているね。」
協力・助言	友だちへの援助・助言	困っている友だちにアドバイスをする。	「アドバイス、うれしいね。」「いいヒントだね。」「助かるなあ。」「この線がわかりやすいね。」
協力・進行	全員が活動しやすいようにする。	グループ活動に取り組む。	「上手に進めてくれたね。」「このグループがまとまったね。」「この2つの共通点がわかったね。」

単元内の授業について
〈第7時〉ひし形の求積

視点	焦点化	共有化	構築化	視覚化	要点	選択	立場・見方	スモールステップ	積み重ね	スパイラル	得意・上手
意識	○		◎		意識	◎	○	○	◎		○

　導入では、前時を振り返ります。前時の「台形」ではグループで考えましたが、本時は個人で考えていきます。ワークシートは個人シート（B5やや小さめ）を用意します。

　子どもたちの実態に合わせたヒントカードの利用も良い手立てですが、ここでは、ヒント掲示を作りました。B4程度の大きさで教室の側面か背面に掲示します。「見たい子」が見たくなったら見ることができるようにします。カードをもらうために立ったり、教師に声をかけたりしなくても、ちらっと見ることができる良さがあります。

〈ひし形の面積：考え方ヒント〉
① 4つの三角形に
② 2つの三角形に
③ 4つの三角形が
④ 1つの大三角形と2つの小三角形

ヒント掲示例

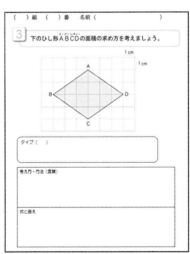

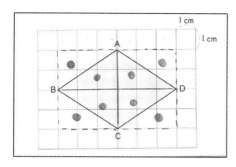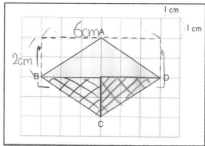

面積を求める工夫は
パズルに似ているね。

一番シンプルな式に
なるのは、どれかな。

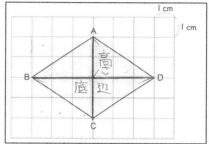

　まとめの場面では、前時の「台形のまとめ」を踏襲し、シンプルな計算方法を検討していきます。『**ひし形の面積＝対角線×対角線÷2**』の式で求めることを確かめます。

　UDマインドについては、集中したり、あきらめたりせずに個別の活動に取り組むことで、みんなで学習する授業の雰囲気づくりが進んだという視点で臨みます。個別の活動では、途中で立ち歩いたり、大きな声を出したりすることを減らすことも大事です。必要に応じて『授業後』も声かけを行います。

UDマインド 育成の視点	子どもの姿・ 様子	場面	声かけ・アプローチの例
集中・変容	集中して取り組む。	個別に活動に取り組む。	「（後で）集中できていたね。」 「（後で）頑張っていたね。」 「わかりやすく書けているね」
取り組み	あきらめずに取り組む。	個別に活動に取り組む。	「自分の力だけでやり終えたね。」「最後までしっかりできたね。」

単元内の授業について
〈第8時〉求積方法の整理

視点	焦点化	共有化	構築化	視覚化	要点	選択	立場・見方	スモールステップ	積み重ね	スパイラル	得意・上手
意識	○	◎	◎		意識	○	○			◎	◎

　求積方法の整理として、問題づくりの活動になります。単元が進むにつれて教師の全体での発言や説明が徐々に少なくなっていることがおわかりでしょう。(P16 ～ 17)

　ここでも、子どもそれぞれが作った問題を互いに共有することで、求積方法を確かめます。問題はマス目の用紙に描かれた図形の面積を求めるものです。

　教師からは問題づくりのルールと手順を提示します。

〈問題づくりのルール〉	〈交流手順〉
①描く図形はマスをはみ出さないこと ②角（頂点）はマスの交点にすること ③直線だけで囲まれていること ④重なりがないこと ⑤作問した問題の答えを出せること	①問題を描く ②解答を考え、答えを出す ③先生に見せて、OK をもらう ④友だちと問題を交換して解く ⑤お互いに添削する

　採点をしてもらったプリントはストックしておいて、最終、ノートに貼ります。採点時には『一言』を書き加えるようにしています。「good!」「Nice!」「すごい」「おしかった」「あと少し」など、書いてもらって『やる気』が増すものを書くことが決まりです。

　1問目が終われば、次の作問に移ります。ペアの変更は子どもに任せます。

ややこし過ぎる問題や簡単すぎる問題を作る子には、チェックの段階で教師が声をかけます。

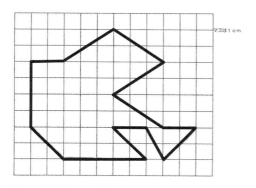

マスは1cm

時間で区切り、全体で「おすすめ問題」を共有します。**「良い問題はどのような問題か」**を選ぶときに、**UDマインドの目線が大切になります。**また、問題を解くときに、『マス目の数』で考える子がいたら全体に伝え、面積を求める第一歩が1㎠のマス目であることを再度、意識できるようにします。

UDマインド育成の視点	子どもの姿・様子	場面	声かけ・アプローチの例
協力・意欲	交流回数が多い。	問題を出し合う。	「たくさん解いていたね。」「いろんな子と出し合っていたね。」「問題づくりが得意だね。」
協力・判断	学びに良い問題を選ぶ。	良い問題を選択する。	「みんなで考えたい良い問題を選べたね。」「みんなの学びになるね。」「いいセンスだなあ。」

単元内の授業について
〈第9時〉練習問題・〈第10時〉活用問題　まとめ

単元末の習熟練習とまとめになります。教科書などの問題に取り組んだり、評価につながる問題を解いたりします。評価にはペーパーテストだけでなく、ノートや活用したプリント、問題づくりなどを取り入れます。演習は子どもたちの様子によって、9または10時のいずれかで行い、残りは定着が進んでいないところや習熟が足りない子どもへのケアを行います。

4年　わり算のしかたを考えよう
［わり算の筆算　わる数が１けた］

目標：3位数÷１位数＝２位数の筆算の仕方を確かめ、その計算に習熟する。

視点	焦点化	共有化	構築化	視覚化	要点	選択	立場・見方	スモールステップ	積み重ね	スパイラル	得意・上手
意識	○	◎		○	意識	◎	◎		○	○	◎

『あまりがポイント』

　３ケタを１ケタや２ケタで割ることを学習する単元の終わりに、振り返りを行う活動です。題して『あまりがポイント』です。まずはルールを確かめます。

〈あまりがポイント：ルール〉
①それぞれの子どもが２〜９までの数を１つずつ決める
②ランダムに４人を選び、１人に１つずつ４つの数を決める
③それぞれで４つの数を使って、３ケタ÷１ケタの式を作り、計算する
④商は整数までで、あまりがポイントとなる
⑤ポイントが高い人が勝利
⑥制限時間内なら、計算し直し可能

2〜9の中から、1つを選んでノートに書けたかな。

名札カードで抽選します…●さん、〇さん、△さん、□さん。

4つの数字が
決まりました。

| 4 | 2 | 7 | 3 |

この4つの数字で、『3ケタ÷1ケタ』の割り算を作ってみよう。

いくつもわり算ができるね。自分で決めたら、計算をして、あまりを出します。あまりがポイントなので、あまりが大きいほど、高得点になるよ。

274÷3！

ぼくは
723÷4

何度も式をつくってやり直してもいいの？

時間内だったら、式をいくつ作ってもいいよ。一番良い式を決めよう。ペアでルールを確かめられたかな。では、スタート！

　子どもたちは計算を始めます。どうしても、計算速度に差があります。速い子どもは何度も計算をして、あまりが大きくなる式を探します。計算が苦手で時間を要する子の様子を見て、1つの計算ができてあまりが出せたことを確認して、時間切れとします。

　この場合、できる式は以下の24こになります。

$427 \div 3$	$472 \div 3$	$724 \div 3$	$742 \div 3$	$247 \div 3$	$274 \div 3$
$327 \div 4$	$372 \div 4$	$273 \div 4$	$237 \div 4$	$723 \div 4$	$732 \div 4$
$347 \div 2$	$374 \div 2$	$734 \div 2$	$743 \div 2$	$437 \div 2$	$473 \div 2$
$423 \div 7$	$432 \div 7$	$234 \div 7$	$243 \div 7$	$324 \div 7$	$342 \div 7$

子どもたちはどのような発想で、式をつくるでしょうか。想像してみます。

子どもの中には、『あまりが大きいと良い』ということから『割られる数が大きいと良い』と発想する子がいます。商とあまりの大小がはっきりしておらず、数のイメージや捉えが定まっていない子かもしれません。⇒ 743 ÷ 2

　とりあえず、出てきた順番に式をつくり計算を始める子もいるでしょう。考える方針がない場合、やむを得ないです。⇒ 427 ÷ 3

　数字の小さい順に並べて、順に計算をする子もいるでしょう。資料の整理などで培った「順に考える」という方針があることは良いことです。⇒ 234 ÷ 7

あまりと割る数との関係を確かめる

　この活動では、**「あまりと割る数との関係」に着目**できるようにしたいです。「あまりが大きいと良い」のですが、あまりは「割る数」より大きくなることはありません。つまり、あまりが大きい数になる可能性は「割る数」が大きいほうが高くなります。この 4 つの数字では、一番大きい数「7」を「割る数」にすることが、あまりを大きくする方針になります。すると、

　　　423 ÷ 7　　　432 ÷ 7　　　234 ÷ 7　　　243 ÷ 7　　　324 ÷ 7　　　342 ÷ 7

の 6 つの式が候補になります。

　その方針への思考を机間巡視を参考に子どもたちと探っていきます。

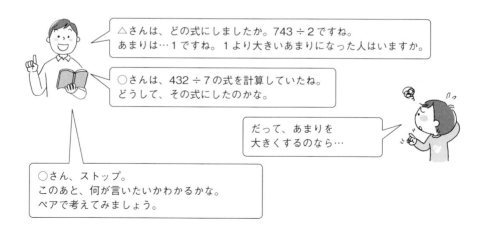

△さんは、どの式にしましたか。743 ÷ 2 ですね。
あまりは…1 ですね。1 より大きいあまりになった人はいますか。

○さんは、432 ÷ 7 の式を計算していたね。
どうして、その式にしたのかな。

だって、あまりを
大きくするのなら…

○さん、ストップ。
このあと、何が言いたいかわかるかな。
ペアで考えてみましょう。

432 ÷ 7 ＝ 61　あまり5。5ポイント！他はないかな。

あまり6です！　式は 342 ÷ 7 ＝ 48 あまり6。

他はないかな。割る数が7までだから、あまり6は最大だね。
高ポイントだね。

1回戦は6ポイントが勝ちだね。では、2回戦の数字を決めるよ。みんな2〜9の中で、新しい数字を決めましょう。

子どもの自然な思考から展開する

子どもたちの発想はどうなるでしょう。教師は机間巡視で確認します。

では、△さんの数字を聞きます。

9です！

どうして「やっぱり！」なの？
ペアで話してみて。

やっぱり！

多くの子どもが「9」を書いている可能性が高いです。これは、授業が良く理解できている証拠です。「割る数を大きくしたい」⇒「2〜9から数を1つ」⇒「9！」です。しかし、全員が「9」で揃わないのが、うれしくも残念なところで、個性を見ることができます。

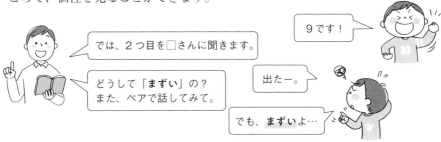

では、2つ目を□さんに聞きます。

9です！

どうして「まずい」の？
また、ペアで話してみて。

出たー。

でも、まずいよ…

一部の子どもたちからは「まずい」「やばい」などの声が出ます。この発想は素晴らしいです。「9」が出やすい理由と「9」が2つ出たことから、**『このまま「9」が4つ続いてしまうと良くない』**という思考ができているからです。そうです。「9」「9」「9」「9」だと、式は999÷9しかできませんし、割り切れてしまい、ポイントは全員が「0」です。

　「もし」「このまま」と思考を進めるのは数学的・論理的な思考であるといえます。声を漏らした子に対して、説明する機会を与えて、授業の中で価値付けます。

　教師は机間巡視で確認しているので、3人目も「9」と書いている子を指名しても良いですし、流れに任せても良いです。いずれにせよ、「9」が4つ揃わないようにします。3つまで「9」が揃った後、「4」が出たときには、「ナイス」「あぶなかった」「ありがとう」などの声があがりました。「4」を選んだ子は「9」の必要性を理解していなかったか、わかっていてその上で「4」を選んでいたのか、いずれにせよ、**友だちから感謝されていました。**

　ここでの組み合わせは、

　　　999÷4　　　994÷9　　　949÷9　　　499÷9　　　の4通りです。

　ほとんどの子が「割る数」に「9」を選び、下線の3つの式のあまりは「4」になります。

　（ちなみに、999÷4のあまりは「3」です）

> 今度は、差がつかなかったね。3回戦です。数字を書きましょう。

　今度は「9」を書く子はやはり多いですが、その他の数字も少し増えます。机間巡視で「9」が1つは入り、前回と同じ数が揃わないようにします。

> 数字が
> 決まりました。

| 9 | 5 | 6 | 3 |

　もう3回目なので、全員が割る数を「9」にして、式をつくって計算します。

$$356 \div 9 \qquad 365 \div 9 \qquad 536 \div 9 \qquad 563 \div 9 \qquad 635 \div 9 \qquad 653 \div 9$$

の６通りの式を中心として、計算が始まります。計算が速い子からは「同じだ」「あれ？」という反応があります。

5だよ。

何度計算しても5だ

9で割る式のあまりは数字を入れ替えても同じなの？ さっきも…。

『÷9』だとあまりが変わらないのかな。
今までしてきたように、ペアの子と自由に３つの数字を決めて、いろいろな３けたの数をつくって、手分けして、9で割ってみよう。

子どもたちはペアで協力して、様々な組み合わせをつくって計算します。教師は、選んだ３つの数字と9で割ったあまりを板書していきます。

9で割ったら…
・4, 9, 9　あまり4　／1, 2, 3　あまり6　／6, 6, 6　あまり0
・3, 5, 6　あまり5　／7, 8, 8　あまり5　／1, 3, 5　あまり0

等

３つの数字とあまりには関係があるのかな？

９００や９０９、９９９などの9で割り切れる、３ケタの数を考えてみてもいいね。
ひらめいたことがあったら、まずはペアでいろいろと確かめてみましょう。

子どもたちの反応や声を大切にし、ヒントを提示したり、全体へ広げたりします。1ケタや2ケタを9で割ったときのあまりなどもヒントとすると、ひらめく子が増えます。

この活動を通して

　ゲーム要素を盛り込み、「わり算の計算練習」をしながら、わり算の仕組みや論理的思考に触れる活動です。

　計算力は子ども間での個人差が大きいです。少ない問題数で慣れる子、なかなか方法を習得できない子、早くできるけれど間違いが多い子、取り組みたくない子など。

　その練習方法は古くから、「習うより慣れろ」ということで計算ドリルなどの**反復練習が多く、「孤独な学習」になりがち**でした。それらの有用性を認めながらも、できれば、他の方法を取り入れて、計算が上手になってもらいたいと考えています。

　本来、異なる答え（あまり）が出るはずの計算結果が、割られる数に変化を加えても同じになる。この違和感によって、子どもたちの興味を喚起したいです。大人もそうですが、『いくら計算しても、答えが異なる』という経験はあまり良いものではありません。子どもたちから「あれ？」「どうして？」という声や反応が出れば、まずは成功です。下の(5)の内容に重きを置けば、高学年でも取り組めます。

(1) 3ケタ÷1ケタのわり算練習をする

(2) 割り算のあまりと商の関係のおさらいをする

(3) あまりが大きくなることと、どの数字を選ぶかの整合性を考える

(4) 同じ状況が続くとどうなるか、について推論する

(5) 「9」で割ったときの「割られる数とあまり」の関係について考える

　⇒ 9で割り切れる数（9の倍数）…各位の数の和が9で割り切れる

　4年生なので、「9で割り切れる数」について、証明できなくても構いません。数の不思議や面白さを感じることがねらいです。もし、興味や関心をもてたら、「4ケタの場合はどうだろうか」「他の数字で割り切れる数はどうだろう」などと、広げていけるといいので、オープンエンドで良いと考えます。

なお、1ケタの他の数については次のようになります。

〈割り切れる数とその見分け方〉

2で割り切れる数（2の倍数）　1の位が偶数

3で割り切れる数（3の倍数）　各位の数の和が3で割り切れる

4で割り切れる数（4の倍数）　下2桁が4で割り切れるか00

5で割り切れる数（5の倍数）　1の位が0か5

6で割り切れる数（6の倍数）　1の位が偶数、かつ、各位の数の和が
　　　　　　　　　　　　　　　3で割り切れる

7で割り切れる数（7の倍数）　1の位の数に2をかけ、1の位を除いた
　　　　　　　　　　　　　　　数から引くと7の倍数

　（例：294　4に2をかけた8を29から引くと21　21が7の倍数
　で、294は7の倍数）

　（例：67445　5に2をかけた10を6744から引くと6734
　673-8 = 665　　66-10 = 56）

8で割り切れる数（8の倍数）　下3桁が8の倍数か000

UDマインド育成の視点	子どもの姿・様子	場面	声かけ・アプローチの例
参加・協力	意欲的に取り組む子	ペアで協力して活動する。	「たくさんの式で確かめられたね。」「より多くの式を担当していたね。」「やさしいね。」
参加・得意	仕組みに気が付いた子	自分なりに思考を進める。	「早く気づいていたね。」「わかりやすく説明しようとしていたね。」「他の場合はどうかな。」

実践例 4
4年　四角形をしらべよう
［垂直、平行と四角形］

　目標：本単元の学習内容を振り返り、多面的に捉えることで数学のよさや楽しさに気づくことができる。

視点	焦点化	共有化	構築化	視覚化	要点	選択	立場・見方	スモールステップ	積み重ね	スパイラル	得意・上手
意識	◎	◎		◎	意識		○				○

視覚化としての「見せない化」

　わかりやすい授業の手立てとして、視覚的に整理され、見える化されていることが例として挙げられることがあります。確かに、バラバラに提示されるより「一目見てわかること」の良さはまさに『一目瞭然』ですし、概念や考え方などは『言葉の空中戦』より互いの理解が進みます。

　また、「見せない化（ブラインド）」することで、得られる効果もあります。子どもの意欲を高めたり、対話のきっかけを作ったりできます。

　台形や平行四辺形などのいろいろな四角形についての学習で、単元の終わりの四角形の性質をおさらいする活動です。最近はICTや大きな画面を使って学習を進められる環境が整ってきて、図形に関する授業の幅が広くなりました。また、写真や図、絵を変えることで、フレームや仕組みを他の授業や教科に転用することも容易にできるのは、教材作成でとても助かります。

画面に図が出るよ。

何が映ってたかな？

一言だけ言って、画像を映し、すぐにブラックアウトします。

しまった。
見てなかったよ。
次はしっかり見よう。

もう一度、映すよ。ハイ。　（ブラックアウト）　何かな？

誰に聞いても
大丈夫かな？

今度は大丈夫。
青色の四角形…
長方形かな。

　子どもたちの中には、一度の指示で画面に意識を向けることが難しい子もいます。手元の操作をしながら、子どもたちの視線がどこにあるかを確かめます。

そうだね。（映して）長方形です。今日はこの下に隠れている図形をペアで考えます。少しずつ、図形が見えてくるよ。

3回答えられます。1回の答えが合うごとに1点です。答えは回ごとに変えられるよ。

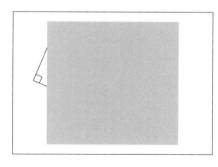

あれ？
少しだけだから、
よくわからないな。

直角があるよ。

　この段階までに、子どもたちの状況に応じて、既習図形のリストを掲示したり、子どもたちと一緒に振り返って板書したりして、参照できることも考えておきます。また、ペアで相談するときには、ノートを見たり、教科書を使ったりしていいようにしておきます。

「見せない」ことから、「もし〜」「〜だったら」「〜だから」の思考へ

　見えていない部分は想像するしかありませんので、子どもたちは「もし〜」「だったら〜」などの言葉を使って思考します。そこでは自然に四角形の性質や構成に関わる言葉や概念を使うことになります。

四角形か三角形かもわからないけれど、**もし**、もう一つ直角があると、三角形ではないね。

四角形だとしても、**直角があるから、**平行四辺形ではなさそうだよ。

いろいろな候補がありそうだね。では、第一回の答えと理由を聞いていきます。

直角三角形です。残りの角に直角はなくて、細長い三角形だと思いました。

長方形です。直角が見えているので、平行四辺形やひし形ではないし、青い部分と見えている場所から細長い図形の可能性があるから。

　一回目の答えを板書していきます。他の答えの理由を聞くことが、思考の参考になることに触れます。

さらに、青い部分をずらしていきます。どのあたりが見えるといいか、**指をさして待ちましょう。**

　次の変化に移る前に、子どもたちにとって「開いてほしい部分を指でさす」指示を出すことで、画面に意識を向けられるようにします。中には、念じるように画面を指さす子がいました。

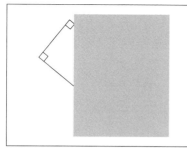

あ、また直角だ。
残念、三角形じゃないよ。

やった！
長方形の可能性がある。

あ、微妙だよ…。先生、前に行って長さを確かめていいですか。

　図の作成段階で、見える範囲を意図的に設定しています。この子が「長さが微妙」と言ったのは、見えている左上の辺と下の辺の長さです。下の辺の長さの方が長い場合、「正方形」という選択肢がなくなるからです。

どこの長さかな。先生に内緒で測りたい理由を言ってからだったら、画面で調べていいよ。

　子どもは他のペアのヒントにしたくないので、耳元で「測りたい理由」を伝えて、画面に近づきます。見える長さはわずかに「下の辺を短く」しています。

短いんじゃ、わからないなあ。

どこを測っているんだろう。

　一回目と同じように板書していきます。特に、測りに来た子には「どうして測りたかったの？」と尋ねて、理由と共に全体で共有する場面を設けます。

もし、長かったら…

そういうことか…。なるほどなぁ。

先程同様、子どもたちはそれぞれの想いを込めて指をさします。

下の方が長いって
わかったので…。

台形だよ。

最終の答えを決めましょう。

長方形だよ。

最後の答えを板書して、カバーをアニメーションで徐々にめくります。

台形だ。
2つ正解したよ。

1つ正解したよ。

今度はみんなが問題をつくります。ヒントも考えます。3段階
で見せていきます。上手な見せ方を工夫しましょう。

図形を描く紙と図形を隠す青い画用紙を配ります。
準備ができたら、ペアの相手を見つけて、問題を出し合います。
点数は同じ1点ずつの3回チャレンジです。

問題づくり　〜修正を重ねて、みんなで共有する〜

　隠している部分を少しずつ見せてヒントを与えるためには、図形の性質を
しっかりと理解していることが大事です。対戦を2人にし、何度かペアを替え
るようにしたのは、終了時に修正をさせようと考えたからです。1つの図形を
使って何度も対戦するうちに、「より良い見せ方（ヒント）」が定まります。全
員が動き出して、時間を見て全体の活動に入ります。

> 対戦した相手の問題はどうでしたか。
> 面白かった、ヒントが上手だったなど、みんなに紹介したい対
> 戦相手を教えてください。

　教師も机間巡視でチェックしていますが、子どもたちからの推薦をいかし
て、書画カメラなどで本人に出題してもらいます。解答後、問題やヒントの良
さなどをみんなで共有します。友だちの良さを知るとともに、『UDマインド』
の「みんなで学ぶ」という基準に従って「良いもの」を選ぶ視点を磨きます。

　「仲が良い友だちだから」「（面白いではな
く）おかしいから」という理由ではない推薦
ができることも、集団でより良く学ぶ資質で
す。

> とてもよく考えられ
> た問題なので、ぜひ、
> みんなにも考えてほ
> しいです。

UDマインド 育成の視点	子どもの 姿・様子	場面	声かけ・アプローチの例
参加・協力	自分なりの考えを伝える。	答えの理由を話す。	「台形の特徴がよくわかっているね。」「気がついた人は少なかったよ。」「わかりやすいね。」
参加・意欲	ヒントを工夫し続ける。	問題づくりを終えて出題し合う。	「上手な見せ方だね。」「ヒントを変えたんだね。」「問題が良くなったね。」
参加・協力	みんなのための問題を推薦する。	「良い」と思う問題を紹介する。	「いい問題を紹介してくれて、参考になったよ。」「みんなにとってもいい問題だったね。」

実践例5
指名方法について

視点	焦点化	共有化	構築化	視覚化	要点	選択	立場・見方	スモールステップ	積み重ね	スパイラル	得意・上手
意識	○	◎	◎		意識		○				◎

全員参加に向けて「指名」を考える

　一斉授業で子どもたちが発表や発言をする場合、教師が指名していきます。教師がねらいや展開などを考慮し、どの場面で誰を指名するかによって、授業自体が大きく変容していきます。それはどの教師にも経験があることでしょう。

　発問と同時に挙がる手をすぐに選び、「そうですね」とどんどん展開していく「テンポが良い」授業を見ることがあります。**教師と一部の子どもだけの参加により、他の子どもたちは「お客さん」の状態です。**「全員参加」を目指す以上、「指名」について考えていくことが大切になります。

⑴相互指名…子どもたちが互いに指名し合うことで、発言発表をする

　話し合い活動などではよく見られる指名方法です。最初の指名は教師の場合もありますが、話し終わった子どもが直接、他の子どもを指名する方法です。導入当初には、仲の良い友だちを指名しがちですが、子どもたちから「また？」「いつも…」などと声があがるようになり、教師は必要に応じて『UD マイン

ド』に基づいた声かけをして、自然と多様な指名ができるようになります。

　「指名するときの呼称」ですが、個人的には「授業モード」を意識させるためには、あだ名や愛称ではなく、「〜さん（君）」などで呼び合うことが良いと考えています。

　普段からの仲良し同士は互いに名前を呼び合う機会が日々あります。一緒に遊ぶ機会が少ない子ども同士が名前を呼び合う機会をもつことは「同じ授業で学ぶ」仲間づくりには必要なことです。

　⑵**推薦指名**…話し合いなどの後、「良い」と思った意見や考えの子どもを「推薦」することで発表・発言をする。

　ペアでの話し合い活動が増えてきました。小さい集団（ペア）で話し合うことは、自分の意見に自信がもてたり、考えを言葉にすることで理解が深まったり整理ができたりと様々な良さがあります。授業では、各ペアでの話し合いで生まれた良さを活かしたいものです。

　しかし、高学年ではペアでの話し合いの後でも「発表できるペアは手を挙げましょう」と発問しても、反応が薄い場合があります。特に、「よくわかっている子」「しっかりと考えられる子」で発表に消極的な子が見られます。もったいないですね。

　そのような場面で、**推薦指名**を取り入れます。

　「ペアの子がいい意見や考えを言ってたな、という人は手を挙げて知らせましょう。」

　推薦指名の良さは、①自分が発表するわけではないので、手を挙げやすい②自分で手を挙げることに消極的な子に話す機会を与えられる　③事後に教師からのアプローチがしやすいなどです。

　①については、授業で手を挙げることに積極的な子の隣には、落ち着きのある子が座ることが多いです（教師の配慮もありますが）。積極的な子は、自分は十分には話せなくても、隣の子が話すのでいいだろう、と簡単に考えて手を挙げてくれます。

　②は①の流れで、落ち着きのある子はとなりの子の推薦を受けて「じゃあ

…」「それなら…」「やむなく…」などと考えて発表してくれます。恥ずかしさや遠慮する気持ちがありながらも、**少なくとも「隣の子が認め」てくれる安心感がありますし、発表後に「クラス全体が認め」てくれる**ことは、うれしいことであり、自尊感情が高まります。

③については、何もない状況で手を挙げることに消極的な子に「どんどん手を挙げてね」と言っても、なかなか背中を押しきれません。しかし、一度、推薦指名を行った後では、「いい発表だったよ」「クラスのみんなが納得していたね」「おかげでみんなよくわかったみたい。ありがとう」など、具体的な評価とともに声をかけることができます。また、推薦してくれた子には「ペアの話し合いでよく聞いていたね」「推薦してくれて、みんなが助かったよ」「また、いい考えがあったら推薦してね。ありがとう」と、ここでもUDマインドに基づいての声かけができます。

ペアでの話し合い　　　　推薦　　　　　　発表　　　　評価・価値づけ

(3)お助け指名…考え方などを発表するときに、1人目の説明をもとにして、2人目、3人目…と説明を重ねて、全体の理解へと指名をつなげて発表発言をする。

やや難易度が高く、クラスの中の差がある場合に用いる指名方法です。早い段階で**自分なり**の考え方ができた子が、教師の指名を受けて発表します。しかし、他の子どもたちとのギャップが大きいと、同じ子が説明を繰り返しても、理解は深まりません。

そこで教師が「Aさん（1人目）の説明がわかった、こうじゃないかな、という人はいますか」と問い、Bさん（2人目）が前に出て、Aさんの考え方を説明します。ここで、Aさんには「Bさんの説明がAさんの説明に合っているかをよく聞いていてね」とAさんの活動を指示します。「今度はBさんがみんなに説明してくれるよ」と、全体の意識がBさんに向けられるようにします。教師は見守りながらも、適宜、Bさんのフォローをします。

Bさんの説明が終わったら、AさんにBさんの説明を確認します。ほとんどの場合、教師がフォローするので、Bさんの説明はAさんの説明とかけ離れません。そこで、「Aさん、Bさんの説明は大丈夫だったかな」と尋ねます。Aさんの反応をBさんに返すことで、Bさんは説明を認められます。このあと、全体に「Bさんの説明も聞いたことで、わかってきたよ、という人はいますか?」と尋ねて、手があまり挙がらなくても、Aさんが認めてくれているのでBさんの気持ちは、大丈夫です。

この段階で、もし、わかったCさん（3人目）が出てくれば、Cさんが説明をします。AさんとBさんは同じ側に集まって、説明を聞きます。Bさんのときと同様にすすめます。しかし、ほとんど理解が進まなかった場合には、再度、ペア活動にします。**「Aさん、Bさんの説明を聞いて、ペアで考えましょう。AさんとBさんは、次にどんな風に説明をすればよりわかってもらえるかを相談しましょう。（AさんとBさんのペアは近くに入れてもらうか、ふたりでペアをつくる）」**

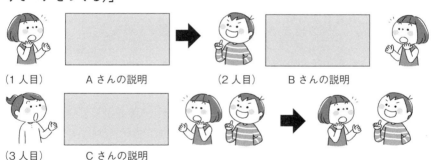

（1人目）　Aさんの説明　　（2人目）　Bさんの説明

（3人目）　Cさんの説明

Cさんの説明、もしくはペアでの活動をおこなった後、わかった子どもたちが「コーチ（お助け）」として机を回るようにします。

UDマインド育成の視点	子どもの姿・様子	場面	声かけ・アプローチの例
参加・協力	仲間のために発表発言する。	発表・発言をする。	「いい発表だったね。」「わかりやすいね。」「また発表してね。」
参加・協力	積極的にアドバイスをしている。	友だちにアドバイスをする。	「説明が上手だね。」「今日は何人に説明してくれたの。」「ヒントがうまいね。」

実践例 6
ペア活動について

視点	焦点化	共有化	構築化	視覚化	要点	選択	立場・見方	スモールステップ	積み重ね	スパイラル	得意・上手
意識	○	◎	◎		意識	○	◎	○			◎

ペア活動への気持ち：「動機」「不安」

　ペア活動は多くの授業で取り入れられています。しかし、「とりあえず」「なんとなく」話しているだけの活動も見られます。教師はペア活動の良さを活かす場面を探ることが大切ですし、どのようなねらいをもってペア活動をするのかを納得できていなければなりません。また、子どもたちがペア活動をする「意義」を見いだせないと、形だけのものとなってしまいます。

　授業をしていると、子どもたちから「ペアで話していい（ですか）？」と尋ねられることがあります。もちろん、『協力し合って授業を進めて学ぼう』という意識、「UDマインド」があることが前提になりますが、それはどのような場面でしょうか。

　『誰かに話したい・伝えたい』という気持ちになるのは、主に、①気付いたり、ひらめいたり、答えがわかったりしたとき　②自分一人では難しくて、助けを求めたり、不安を覚えたりするとき　です。教師や大人でも同様で、子どもたちの気持ちはよくわかります。

そのような場面だと、子どもたちはペア学習に取り組みやすくなります。

わかった！早く言いたい。絶対だ。自信あるよ。

あー、困ったな。わからないよ。ヒントが欲しいな。どうしよう。

ペア活動への内容：「協力」「分担」

ペアでの活動は仲良く、協力するのが当然ですが、内容をあえて**「協力」**と**「分担」**に分けます。ここでいう**「協力」**は１つのめあてを目指して、１つの活動を一緒に行うことです。例えば、「文章題を解くための式が『なぜ、このように表されるのか』について、一緒に相談して考える。」というようなもので、話し合いなどはここに含まれます。

「分担」は複数の課題やタスクに対して、相談をして担当を決め、手分けして取り組み、最終的に集約する活動です。例えば、文章題で複数の事象を比較するために、それぞれが別の事象について答えを求めて、最終は題意に沿って解答するというようなものです。

あえてこのように分ける意図は、「学び方」のちがいにあります。誰かと一緒に活動する良さはあるものの、子どもによっては「自分一人で学ぶ方が良い」と考える子もいるのも事実です。１人での活動がしんどい子がいれば、複数での活動がしんどい子もいます。個人学習、ペア活動の**どちらかに偏るのではなく、どちらも経験することで、自分に合った「学び方」を知り、将来的に選択していくことを授業では考えたい**ものです。

「分担」も認められるようなペア活動の場合に、「協力」していない子どもたちに対して『一緒に話し合って進めていない』という視点で声をかけると、子どもによっては意欲を低下させてしまうことがあります。あくまでも、ペアの関係や組み合わせにもよるところがありますが、教師がペア学習＝「協力」、「話し合い」とだけ捉えていると、マイナスになることもあるので、気を付けたい点です。

ペア活動のねらい：「確認」「教授」「模索」「調整」「共有」「協働」

　教師はその場面のねらいによって、ペア活動を取り入れます。大きく6つのねらいに分けています。ねらいによって、活動にあてる時間を考えます。時間が気になる子どももいるので、時間か終了時刻を示すことは良いことです。また、ねらいごとにペアのそばで見る観点や声かけが変わってきます。

　○「確認」…難易度が低い発問で、子どもは答えられる可能性が高い場合、念のために確認することをねらいます。導入や振り返りで用います。

　例：四角形には何本の対角線があるかな。5秒でペアと確かめよう。

　○「教授」…難易度が中程度で、子ども間の差がみられる場合、ヒントやアドバイスを提供することをねらいます。個人の取り組みの後などに用います。

　例：ペアで説明し合おう。困っていたら、ヒントやアドバイスを伝えよう。

　○「模索」…難易度が高い発問で、ほとんどの子どもがじっくり考える必要があり、話し合いを中心に問題の解決を図ることをねらいます。山場の始まりなどに用います。

　例：運動場の広さは教室の何倍だろう。どうやって考えれば良いですか。

　○「調整」…様々な理由により、意見の数や時間などを限定する場合の話し合いを想定しています。ペアの人間関係を見る場面でもあります。

　例：答えの予想をA,B,Cの中からペアで1つ選びましょう。

　○「共有」…それぞれの子どもがそれまでにもっている考えや答え、分担していたものをもち寄って共有します。

　例：自分で考えた「答えの求め方」をペアで紹介し合いましょう。

　○「協働」…操作や作業などの効率良く進めるためのペア活動です。遅れがちな子どもへのフォローも含みます。

　例：コンパスの使い方を練習します。ペアで1枚の画用紙にいろいろな円を描きましょう。交代をして協力しながら取り組みましょう。

ペア、トリオ、カルテット…

　対戦形式の所で取り上げた3人組（トリオ）、4人組（カルテット）にも良さがあります。ねらいの**「教授」「模索」「共有」**では子どもの多様性が増えるので、学びが豊かになる可能性があります。その分、時間を要します。また、**「確認」**では人数が多い必要はなく、**「調整」**では子どもの意見が沈み込んでしまう可能性が増えます。**「協働」**では、技能・技術習得を意図することが多く、人数が少ないペア活動がねらいに合います。

　話し合いには「3人組」「4人組」が有効であるという意見があります。算数科の授業では対戦の場合も含めて、「3人組」により良さをみています。

　話し手1人と聞き手2人は聞き手の「自分に話されている感」がちょうど良いように感じます。聞き手が3人になると、少しルーズな面が出てきます。時間的にも「話す：聞く＝1：2」は差が少なく、グループ間の時間差も3人分なので大きくなりすぎません。人数が3で割りきれないときは2人組をつくります。また、奇数人数は異なる意見が同数にはならず、2対1より人数差が大きくなると意見交換が難しくなることがあります。

	教授	模索	共有	確認	調整	協働
ペア	◎	○	○	◎	◎	◎
トリオ	◎	◎	◎	△	△	○
カルテット	○	◎	○	△	△	○

UDマインド育成の視点	子どもの姿・様子	場面	声かけ・アプローチの例
参加・協力	協力的に話し合いに取り組む。	話し合いをする。	「譲ってくれたんだね。」「仲が良いと学習しやすいね。」「説明が上手だったよ。」
参加・協力	ヒントやアドバイスを伝える。	協働で活動する。	「コツを教えていたね。」「わかりやすい説明でしたよ。」「チームワークがいいなあ。」

具体例7
2年　図を使って考えよう

目標：文章題において、問題場面を図に表して数量の増減に着目して解法を考えることを通して、まとめて考える考え方を使って解くことができるようにする。

視点	焦点化	共有化	構築化	視覚化	要点	選択	立場・見方	スモールステップ	積み重ね	スパイラル	得意・上手
意識	◎	◎	◎		意識	◎	○	◎	◎		○

「考え方」を考える

　増減する数量に着目して、「まとめて考える」という考え方を理解する単元です。これまで順に計算することを学び、答えを出してきましたが、数量の増減を先に算出しておいて、もとの数量と計算することに取り組みます。このように新たな考え方についての単元では、子どもたちに「考え方」を考えさせる活動に重きを置きます。しかし、「新たな考えの良さ」を教師が確認して、「これからは新しい考え方で考えましょう」と締めくくるようなことを見ることがあります。

　もちろん、新しい考え方、つまり、新たな「事象の捉え方」を知ることは大切ですが、いつでも何でも新しく学んだ考え方を使わなければならない、ということではありません。子どもたちは、「新しい考え方を理解した上で、場面

や状況に応じて、一人ひとりが使い分けていく」ことが求められます。

　ここでは、「まとめて考える」ことの良さや用いると良い場面などを理解することが大事です。子どもたちがそこに目を向けて、実感できるような手立てを考えます。また、子どもたちから学んでいく中で、『結局』という言葉を導き出せるようにします。

焦点化（比較）と構築化（パターン）

　学習指導要領では、「3口」に限るとはされていませんので、次のような展開を設定します。2文の間には十分なスペースがあります。

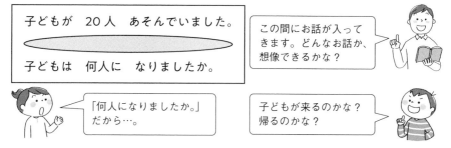

子どもが　20人　あそんでいました。

子どもは　何人に　なりましたか。

この間にお話が入ってきます。どんなお話か、想像できるかな？

「何人になりましたか。」だから…。

子どもが来るのかな？帰るのかな？

　子どもたちの注意をひいてから、一文ずつ見せていきます。

　この場合、パワーポイントが利用できればいいですし、紙の掲示物でも順に貼っていけば良いです。直接、書くこともできますが、時間を短縮したいので工夫を考えたいです。

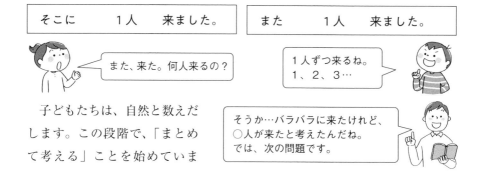

そこに　　1人　　来ました。

また　　1人　　来ました。

また、来た。何人来るの？

1人ずつ来るね。1、2、3…

　子どもたちは、自然と数えだします。この段階で、「まとめて考える」ことを始めていま

そうか…バラバラに来たけれど、○人が来たと考えたんだね。では、次の問題です。

す。5〜8文ほど出して、「何人になりましたか」と聞くと、図や式はなくて
も答えることができます。ここで、『結局』と言葉が出てくるようであれば、
取り上げます。

子どもたちからは「えー、また？」という反応が出ることが予想されますね。同じく、どんな話になるかを想像させ、1枚ずつ示していきます。

| 子どもが　20人　あそんでいました。 |
| 子どもは　何人に　なりましたか。 |

| そこから　1人　帰りました。 | また　　1人　　帰りました。 |

先ほどと同じように展開します。文の数は異なるようにしておきます。『結
局』という言葉を強調することを意識します。さらに、続けます。

| 子どもが　20人　あそんでいました。 | そこから　1人　帰りました。 |
| 子どもは　何人に　なりましたか。 | また　2人　帰りました。 |

この段階での子どもたちの反応を見ます。「ちがう！」「増えてる。」「ゆっく
り見せて。」など、着目するところが共有化されるようにします。

| また2人帰りました。 | また1人帰りました。 | また3人帰りました。 |

子どもたちは帰った子どもの数を算出し、最終の子どもの人数を計算しま
す。

1＋2＋2＋1＋3で『結局』9人だ

どうやって考えたの？
何人かずつ帰ったけれど…

| 子どもが　20人　あそんでいました。 |
| 子どもは　何人に　なりましたか。 |

子どもたちからは、「次は…だよ。」などの声が漏れます。ここからも提示を子どもたちと楽しみ

ながら進めたいです。

そこから 1人 帰りました。	また 1人 帰りました。
そこから 2人 帰りました。	また 2人 帰りました。
そこから 3人 帰りました。	また 3人 帰りました。

　この段階では、子どもたちから『結局』という言葉が繰り返されることになります。

　同時に、「まとめて考える」ことの良さが見えてくる段階です。

> どうして『結局』なの？　　まとめておく方がいいときがあるんだね。

　子どもたちの言葉で表現させます。ペアでの確認も有効です。しつこいような展開ですが、パターン化、比較、スモールステップなどの手法を用いて、**全ての2年生の子どもが自分で着目し、自分で話せるようにしていきます。**ここまでは「まとめて考える（新しい考え方）」の共有であり、理解です。

具体的な相手や場面を想定して、考え方（作戦）を表現する

　ここからは単元名にある「図を使って考えよう」の段階です。

> では、次の問題を『1年生にわかるように』説明してあげます。
> 図や絵、言葉を使って、ノートに書きましょう。

来たのは結局
7人だから…

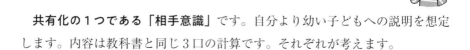
子どもが 20人 あそんでいました。
そこに 5人 来ました。　　また 2人 来ました。
子どもは 何人に なりましたか。

　共有化の1つである「**相手意識**」です。自分より幼い子どもへの説明を想定します。内容は教科書と同じ3口の計算です。それぞれが考えます。

「1年生だから順に計算する方がわかりやすい」とする子もいるでしょうし、ここまでの流れを受けて「まとめて考える方法を教えてあげよう」という子もいるでしょう。様々な方法を机間巡視などで把握し、全体で共有していくことになります。『増増』『減減』『増減』と進めますが、用いる数値は子どもたちの実態に即して設定します。

『増増』分が10になるようにしたり、『増減』の差が小さかったりすると、「まとめて考える」よさが生きてきます。子どもたちには「作戦」という言葉がより良く響くようですので、その場面では、子どもたちの考え方（作戦）を中心に共有させます。

新しい考え方と『はかせどん』

それまでの考え方とはちがったアプローチをしたり、見方を変えたりすることで、新しい「考え方」を見つけ出す活動があります。授業の中で子どもたちは一人で考えたり、ペアや全体で話し合ったりして、「考え方」を考えていきます。授業者としては、新しい考え方を理解させ、使えるようにしたいのですから、ついつい新しい考え方の「良さ」を強調したくなります。そのためのキーワードの1つが『はかせどん』です。

『はかせどん』は「は…早く　か…簡単　せ…正確　どん…どんなときにも」とされることが多いようです。繰り返しですが、新しい見方や考え方を理解し、使えることは大切です。しかし、どの方法を使うかは、その子ども自身、状況、場面、数値などによって、選択されるべきと考えます。その選択に「主体性」があって良いと考えるのです。

理論編で述べたように、「子ども一人ひとりによって、学び方は異なるし、どれが最適なのかは子ども本人が決める。それを見つけるためにも、様々な方法や考え方を経験することが大切で、UD化の手立てもその1つである」ということにつながります。

例えば、「私は時間がかかっても、一つひとつ確かめながら計算していく方が得意だし、正確にできる」子と「私は計算が得意で、時間をかけずに効率的

に処理していきたい」子のそれぞれの良さや選びたい考え方（作戦）は異なって当然です。クラス全体で「この方法が最も良いですから、これからはこの方法で解きましょう。」と『はかせどん』などの基準で一律の同意を求めることには慎重になるほうがよい、と考えています。むしろ、**「どうしてその考え（作戦）にしたのか」ということが意識され、共有され、認め合えることの方が大切と考える**のです。

UDマインド育成の視点	子どもの姿・様子	場面	声かけ・アプローチの例
参加	意欲的に取り組む。	自分の気付きや考えを発表する。	「よく見て考えているね。」「『結局』って上手な言い方だね。」「予想できていたね。」
相手意識	考え方を工夫している。	1年生にわかるように説明を考える。	「丁寧に書けているね。」「わかりやすい説明だね。」「1年生にわかってもらえるよ。」

YouTube にＵＤ化授業を見る

なぜテレビではなく、YouTube なのか

　将来なりたい職業に YouTuber が登場するほど、子どもたちの生活に YouTube が馴染んでいます。子どもたちは YouTube のどこに惹かれるのでしょうか。UD 化の観点で YouTube を見ていきます。

　まずは、視覚化です。動画ですので、視覚に訴えかけてきて、インパクト大です。学校授業の ICT 化が追いついていないところです。動画専門塾（予備校）が一定の支持を得るところでもあります。そして、テロップ（字幕スーパー）の利用です。編集が容易にできるようになり、より効果的な表現ができるようになりました。テレビよりも砕けた表現ができるところも強みで、視聴数やチャンネル登録数の確保のために、身近な内容が取り上げられています。

　次に、共有化が挙げられます。テレビでは「視聴率」が受け手側の反応を見る指数でしたが、YouTube では「いいね👍」ですぐに反応できます。関わりがより濃いものになっているのです。

　そして何より、「作り手側になれる」ことが魅力です。実はこれは「子どもが授業を創る」視点と同じです。テレビ離れと同じで、授業で「受け手」だけであることに子どもたちは満足できなくなっている、と見ることができるでしょう。子どもたちが「授業の創り手」になることは、授業をより子どもたちの身近なものとし、当事者意識を高め、参加意欲が高まります。

　このように、YouTube には UD 化と重なる部分が多くみられます。授業に視覚的な手立てを導入し、スモールステップで評価を与える機会を増やし、共有化で授業参加や授業づくりの意識を高めるといった方法で、YouTube の魅力を授業に取り込みましょう。

参考文献

桂　聖　（2011 年）「国語授業のユニバーサルデザイン―全員が楽しく「わかる・できる」国語授業づくり」東洋館出版社

村田　辰明　（2013 年）「社会科授業のユニバーサルデザイン」東洋館出版社

小貫　悟、桂 聖　（2014 年）「授業のユニバーサルデザイン入門」東洋館出版社

桂　聖、川上　康則他　（2014 年）「授業のユニバーサルデザインを目指す「安心」「刺激」でつくる学級経営マニュアル」東洋館出版社

授業のユニバーサルデザイン研究会　（2010 年～ 2018 年）「授業のユニバーサルデザイン〈Vol.1 ～ Vol.11〉」東洋館出版社

阿部　利彦　（2014 年）「通常学級のユニバーサルデザインプラン Zero」東洋館出版社

阿部　利彦　（2015 年）「通常学級のユニバーサルデザインプラン Zero2」東洋館出版社

伊藤　幹哲　（2015 年）「算数授業のユニバーサルデザイン」東洋館出版社

北島　茂樹　（2018 年）「中学校数学科　ユニバーサルデザインの授業プラン 30UDL の視点で、生徒全員の学びを支える」明治図書出版

トレイシー・E・ホール、アン・マイヤー他　（2018 年）「UDL 学びのユニバーサルデザイン」東洋館出版社

熊谷　恵子、山本　ゆう（2018 年）「通常学級で役立つ　算数障害の理解と指導法―みんなをつまずかせない！　すぐに使える！　アイディア 48」学研プラス

田中　博史　（2001 年）「子どもの思考過程が見えてくる　算数的表現力を育てる授業」東洋館出版社

田中　博史　（2012 年）「語り始めの言葉「たとえば」で深まる算数授業（算数的表現力を育てる授業)」東洋館出版社

田中　博史　（2019 年）「田中博史　算数授業づくり概論（算数授業研究　特別号 22）」東洋館出版社

馬場　桂一郎、岸本　肇　（2000 年）「世界の子どもの遊び事典―総合的な学習・国際交流学習を盛り上げる」明治図書出版

奈須　正裕　（2017 年）「『資質・能力』と学びのメカニズム」東洋館出版社

若松　俊介、片山　紀子　（2017 年）「『深い学び』を支える学級はコーチングでつくる」ミネルヴァ書房

ジョン・カウチ、ジェイソン・タウン他　（2019 年）「Apple のデジタル教育」かんき出版

池上　摩希子　小学校「JSL 算数科」の授業作り（外国人児童の「教科と日本語」シリーズ）（2005 年）スリーエーネットワーク

おわりに

　新型コロナウイルスの感染拡大を受け、2020年3月2日から全国すべての小学校・中学校、それに高校などが春休みに入るまでの臨時休校となり、その期間は多くの都道府県で新年度まで続きました。その後、休校が解除になっても、時間差登校や人数減登校、ICTが進められている学校ではリモートによる教育活動が進められました。

　そんな中、「一斉授業」のあり方が多方面から議論されるようになりました。その議論の1つが「一堂に会して一斉に授業受けることの是非」でした。確かに登校が難しい児童生徒がリモートでの授業に参加できた、というような実例があり、リモートの良さと見ることができます。しかし、多くの小学校の多くの子どもたちは「学校で友だちと会いたい」という思いを持ち、多くの教師が「教室で子どもたちを迎えたい」という願いをもっていたのではないでしょうか。

　「共に学ぶことの良さやうれしさ」を子どもたちや教師は知っています。感染リスクについては感染症学的な見地からのアプローチが必要ですが、これまでに取り上げられている一斉授業の課題に向き合うとき、『授業のユニバーサルデザイン化』が有効的なアプローチであり、「学び」に関して「共に」という要素が大切であることは変わらないでしょう。

　『より良く学ぶ』とは「より効率が良い」だけを示しているのではないと考えます。その授業の教科内容を『学ぶ』だけではなく、そのプロセスにおいて「別のものを『学ぶ』」ことも『より良く学ぶ』ことではないでしょうか。

　もちろん、今後、技術の発達やデジタル化の推進によって、教育環境は進化発展していくことでしょう。しかし、小学校ではこれまで一斉授業で大事にしてきた「学びの良さ」を継続していくべきです。その継続のためにも、現在、一斉授業をより豊かにしようとする『授業のユニバーサルデザイン化』の手立てや方法、そして、『UDマインド』という考え方や思いが教育現場にしっかりと根付いてほしいと願っています。また、本書がより多くの子どもたちが

『より良く学べる』一助となれればうれしく思います。

　本書の刊行に際し、日本授業UD学会理事長でおられる筑波大学附属小学校の桂聖先生をはじめ、学会で研究を進められている先生方の活動が大いに刺激となりました。

　特に、日本授業UD学会関西支部の代表である村田辰明先生には、支部発足当時から授業のユニバーサルデザイン化への道へと導いていただきました。その後も、研究の機会を設けていただいたり、叱咤激励いただいたり、特に、今回の出版に関しても多岐にわたり、ご配慮いただきました。この場を借りて、お礼申し上げます。

　また、関西学院初等部の子どもたちには、共に授業を進める中で見せてくれた表情や姿に、取り組みを前に進める力を与えてもらいました。実践したときの活きた声や反応は何事にも代えられるものではありません。改めてありがとう。

　兵庫県加古郡稲美町立加古小学校、大阪市立住吉小学校の先生方、岡山県教育庁特別支援課、岡山県新見市教育委員会の担当いただいた皆様には、数年間の継続した授業研究会や研修会の機会を通して、授業のユニバーサルデザイン化について共に学ぶ場を設けていただきました。感謝いたします。

　出版の機会をいただいた東洋館出版社および編集担当の北山俊臣さんには、力強い後押しをしていただき、計画、構成など様々な場面で丁寧にアドバイスをいただきました。お力を得てなんとか本書をまとめることができました。心から感謝申し上げます。また、「UDマインド」が醸し出される温かなイラストや装丁など、その他出版に関わってくださった方々に厚くお礼申し上げます。

久木田雅義

洛南高等学校附属小学校　講師（2021年2月現在）

大阪府生まれ。神戸大学教育学部初等教育学科卒。大阪市立小学校教諭、関西学院初等部教諭、京都教育大学大学院連合教職実践研究科授業力高度化コース修了を経て現職。日本授業UD学会員。共著に「授業のユニバーサルデザインを目指す「安心」「刺激」でつくる学級経営マニュアル」（東洋館出版社）。

mkukita2020-ud@yahoo.co.jp

UD マインドでつながる
算数科授業のユニバーサルデザイン

2021（令和3）年2月15日　初版第1刷発行

著　　者　久木田雅義
発 行 者　錦織圭之介
発 行 所　株式会社　東洋館出版社
　　　　　〒113-0021　東京都文京区本駒込5-16-7
　　　　　営業部　TEL：03-3823-9206
　　　　　　　　　FAX：03-3823-9208
　　　　　編集部　TEL：03-3823-9207
　　　　　　　　　FAX：03-3823-9209
　　　　　振　替　00180-7-96823
　　　　　U R L　http://www.toyokan.co.jp
　［装　丁］國枝達也
　［イラスト］赤川ちかこ
　［印刷・製本］藤原印刷株式会社

ISBN978-4-491-04380-7　　Printed in Japan